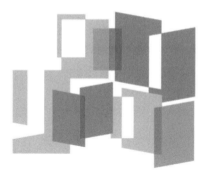

The History and Data of Reader Surveys in Japan:

Before and During World War II

読書調査の歴史と資料

戦前・戦中

Atsuhiko Wada

和田敦彦

樹村房

はじめに

　本書は、戦前、戦中の読書傾向調査のデータを、利用しやすいよう整理、集成したものである。読書傾向調査とは、購読している雑誌や、愛読書などを質問紙形式で問い、その結果をまとめたものである。明治期以降、官民で数多くなされ公開されていったが、それら調査自体を通史的にとらえた研究がいまだ存在しない。本書では、〈解説編〉で以下、この読書傾向調査がどのように生まれ、広がっていったのか、その役割とともに説明し、続く〈資料編〉で、これらの調査から主要な調査を選んで書誌情報や簡略な解説を付し、それらの調査結果を収録する形をとっている。

　まず、これら読書傾向調査が、なぜ重要なのかを明確にしておきたい。読書傾向調査は、ある場所、時代においてどのような読者が、何を読んでいたのかを明らかにしてくれるものである。とはいえ、読者が何を読んでいたかを知るためには、読者を調べなくともその時代に刊行された出版物の内容や量を調べればよいと考えることもできよう。しかしながら、ある出版物が書かれ、刊行されたということと、それが読まれたということとは同じではない。その出版物は限られた人々の間でしか読まれなかったかもしれないし、各地域にまで広がりはしなかったかもしれない。発行や販売部数の多さはむろんその流通の広さをうかがう手がかりとはなるが、それでも読者の年齢層や地域によって大きな享受の違いがあり得るだろう。出版する側、書く側ではなく、読者の側の資料を掘り起こし、歴史をとらえ直していく意味はそこにある。

　読者の歴史をうかがうための資料は、むろん読書傾向調査に限らず、幅広く存在する。分かりやすく区分すればそれらはおおむね三つに分けられよう。第一に、出版物自体のもつ情報が、間接的に読者をとらえていく重要な手がかりとなることは言うまでもない。出版物の内容はむろん、形や言語も、それを読んだ読者をうかがううえでの重要な手がかりとなる。出版物がどこにどれだけあるか、広がっていたかといった位置情報（蔵書としての情報）もそれに含めてよいだろう。第二に、書店や取次など、読者へと出版物を仲介する人々や組織の資料がある。そして第三に読者自身が作成した資料や、読者についての研究、調査資料がある。むろんこれらは重なる部分もあるが、こうして分けておくことで読者をとらえるための資料をより体系的に、具体的にイメージできる

だろう[1]。

　この第三のタイプの資料には、具体的には刊行される、されないにかかわらず読者の記した日記や書評などが含まれようし、本書で扱う読書傾向調査、すなわち読者への質問、回答を集計した資料もこのうちに含めてよいだろう。出版する、正確には出版できる側の資料からだけではうかがえない、あるいは見過ごされてしまう歴史を掘り起こしていくうえでも、そしてまた具体的な地域や時期のまとまった読者をとらえていくうえでも、多くの手がかりを与えてくれる資料である。

目次

はじめに ………iii

解説編——— *1*

1 読書傾向調査の成り立ち ………*2*
1.1 読書傾向調査の形式 ………*2*
1.2 初期の読書傾向調査 ………*3*
1.3 読書の調査とその統制 ………*5*

2 1920年代 ………*7*
2.1 社会教育の整備と工場労働者の読書 ………*7*
2.2 青年の修養と読書 ………*9*
2.3 児童の課外読物と読書への関心 ………*10*

3 1930年代前半 ………*13*
3.1 社会教育行政の整備と全国調査 ………*13*
3.2 学生生徒の思想と読書への関心 ………*15*
3.3 読書傾向調査の学術領域への広がり ………*16*

4 1930年代後半以降 ………*18*
4.1 読書の指導・統制へ ………*18*
4.2 読書を通した勤労青年への関心 ………*19*
4.3 高等教育機関の読書と錬成 ………*21*
4.4 児童読物の「浄化」………*22*

●注 ………*25*

資料編——29

1 東京高等師範学校附属小学校「児童家庭状況取調」………30・49
2 中村秋人『児童教育　涙と鞭』………30・50
3 松崎天民『社会観察万年筆』………30・51
4 岡山県師範学校附属小学校「児童読物調査」………30・52
5 警視庁工場課「職工事情調査」………31・52
6 権田保之助「月島とその労働者生活」………31・54
7 遠藤早泉『現今少年読物の研究と批判』………31・55
8 森文三郎「長崎高等商業学校生徒調査」………31・55
9 葺合教育会児童愛護会『児童読物之研究』………32・56
10 長野県師範学校「生徒購読雑誌調査回答」………32・57
11 東京市社会局『職業婦人に関する調査』………32・58
12 東京市社会局庶務課「小学児童思想及読書傾向調査」………32・59
13 東京帝国大学学友会共済部『東京帝国大学学生生計調査』………33・60
14 熊谷辰治郎「青年団員が如何なる書籍を読むか」………33・61
15 京都市小学校教員会研究部『児童読物の研究』………33・62
16 森文三郎「大分高等商業学校生徒調査」………33・63
17 中央職業紹介事務局『紡績労働婦人調査　職業別労働事情　五』………34・64
18 熊谷辰治郎「地方青年の読物調査」………34・64
19 多田野一「工場労働者の読書傾向」………34・65
20 神戸市社会課『マッチ工業従事女工ノ生活状態調査』………34・66
21 社会局監督課「職工の希望等の調査（宮崎県）」………35・67
22 大日本連合青年団調査部『全国青年団基本調査　昭和五年度』………35・68
23 東京府学務部社会課『求職婦人の環境調査』………35・69
24 東京府立第五高等女学校「女学生の読物調べ」………35・69
25 東京府立第三高等女学校「女学生の読む雑誌」………36・70
26 京都帝国大学学生課『京都帝国大学学生生計調査報告』………36・71
27 大阪府学務部社会課『在阪朝鮮人の生活状態』………36・72
28 東京帝国大学文学部新聞研究室「小学児童及び保護者に対する新聞閲読調査」………36・72

29　東京帝国大学文学部新聞研究室「壮丁閲読調査」………37・74
30　日本図書館協会『図書館における読書傾向調査』………37・75
31　八島炳三「児童読物の系統的考察」………37・76
32　日本図書館協会『職業婦人読書傾向調査』………38・77
33　大阪府学務部社会課『実地調査の結果から見た農村の生活』………38・78
34　小椿誠一「児童読物の系統的研究」………38・79
35　農林省経済更生部『農村部落生活調査　実態編』………38・80
36　新潟県立図書館児童室調査「新潟市内上級児童読書状況調査」………39・81
37　奥井復太郎・藤林敬三「学生生活の思想的方面の一調査」………39・82
38　松本金寿・安積すみ江「女学校生徒に於ける課外読物の一調査」………39・83
39　日本図書館協会『労務者読書傾向調査』………39・84
40　文部省社会教育局『児童読物調査』………40・85
41　松本金寿・安積すみ江「小学校児童に於ける課外読物の一調査」………40・86
42　川崎造船所「新聞雑誌購読調査」………40・87
43　東京市日本橋区第三青年学校『本校生徒の生活並心理に関する調査研究』………41・88
44　山梨県教育会社会教育調査部「社会教育に於ける読書教育普及充実に関する調査」………41・89
45　東二番丁尋常小学校「児童課外読物調査」………41・89
46　小林さえ「女子青年の読物調査」………41・90
47　横浜高商図書課「昭和十三年十月　読物調査」………42・91
48　教学局『学生生徒生活調査』………42・92
49　台北帝国大学・京城帝国大学『学生生活調査』………42・98
50　茨城県立某高等女学校「女学生の読書調査」………42・99
51　東京府中等学校補導協会「中・女学生は何を読む」………43・99
52　桐原葆見「青年の読書に関する調査」………43・100
53　飯島篤信「勤労青年の読書傾向」………43・103
54　服部智「児童文化環境の調査と読物指導」………44・104
55　神奈川県某高等女学校「女学校の読書調査」………44・105
56　文部省「児童読物調査　雑誌」………44・106

58 神崎清「女学生は何を読んでゐるか」………45・108
59 都留長彦「女学校一年生の読物について」………45・109
60 明治大学報国団政経学会『明治大学専門部学生生活調査
　　報告』………45・109
61 労働科学研究所『青少年の勤労生活観』………45・110
62 坪井敏男「青少年の余暇生活」………46・111
63 日本出版文化協会児童課「勤労青少年の読書状況」………46・111
64 教育研究同志会事務局『学童の生活調査』………46・112
65 日本出版文化協会児童課「児童課が試みた予備調査」………46・114
66 海後宗臣・吉田昇『学生生活調査』………47・115
67 日本出版文化協会児童課「勤労青年は何を読むか」………47・116
68 東京府内政部社会教育課『少国民生活調査報告』………47・117
69 川越淳二『早稲田大学読書傾向調査報告書』………48・118
70 都市学会「東京密集地区の読書調査」………48・118
71 一校自治寮「愛読書調査」………48・119
72 第五高等学校報国団「生徒生活調査報告」………48・120

● 読書傾向調査掲載文献一覧 ………121

あとがき ………129

解説編

1　読書傾向調査の成り立ち

1.1　読書傾向調査の形式

　最初に述べたように、読書傾向調査は、読者の回答、記述をもととしたもので、読書習慣の有無、購読新聞・雑誌や愛読書について問うものが多い。ただ、統一した形はもってはおらず、これら以外にも蔵書の有無や量、読書に費やす費用や時間などをあわせて問うているものもあり、読者についての多様な情報を含んでいる。また、社会調査や学生生活調査といった調査の中に部分的に含まれている場合も多い。

　こうした形の多様さに加えて、戦前の調査にはその基本情報が欠けている場合も少なくないため、資料として扱いづらい性質をもっている。つまり調査の場所、対象の人数や質問項目や、調べ方などの基本的な情報が記されておらず、はっきりしない調査もある。調査自体の規模も、数十人規模のものから数万人の調査までまちまちである。それゆえ、こうした不完全さとあわせてその調査を受け止める必要がある。

　また、読書傾向調査には、その結果をまとめる際に大きく手が加わる点についても注意を向けておく必要がある。これまでに比較的よく使われてきた読書傾向調査は、ほとんどが新聞や雑誌についてのものである。その理由は簡単で、新聞、雑誌の方が単行本よりも、はるかに選択の幅がせまく、回答の集計が明解だからである。

　単行本の場合、タイトル数が多く、あまりに選択の幅が広いため、回答者の答えもばらばらである。読者が回答したタイトルが正確かどうかも分からない。そしてこのばらばらな結果をまとめようとすると、様々なタイトルが同数で横並びに延々と続く形になってしまう。このため、単行本の読書傾向調査は、回答結果のこれらタイトルを示さず、それらをジャンルや分野で分けて、集計した結果を示している場合も多い。しかし、どういう図書やタイトルをどう分類したかが不明な場合も多く、分類の判断や基準が一定しない。一方で、調査の中には多くの図書タイトルを丹念に記録しているものもある。こうした

特性に注意を払っておく必要がある。

　読書傾向調査は一定の地域や年齢層、職種といった読者集団に対して行われ、その集団をまとまりとしてとらえるうえでの手がかりとなってくれる資料である。それぞれの読者の日記や手記といった記録は過去の読書をうかがう重要な手がかりであるのは確かだが、読書傾向調査はそれら個々の点としての読書を位置づける、いわば土台のような資料ともなろう。ただ、その結果は、そのままより広い地域や年齢層、階層全体、さらにはその時代の読者の傾向として安易に一般化できるわけではない。読書傾向調査は単にその結果をそのまま押し広げ、一般化するのではなく、それぞれの調査の時期、場所、規模や方法などを十分に意識したうえで、あくまでそうした枠の中で、一定の時期、集団の読者たちの特徴を伝えてくれるものとして扱う必要がある。本書では、それぞれの調査についてのこうした情報とあわせて各調査を参照できるようにした。

　なお、形として読書傾向調査と似通った資料に、図書館の利用、閲覧や貸し出しの記録（閲覧成績）があり、読書調査として扱われる場合もある。確かに閲覧成績もむろん読書の歴史をうかがう重要な資料だが、それぞれの図書館の性質（場所や蔵書、利用形態）と深く結びつきあった資料であり、ここで扱う読書傾向調査とは異なるタイプの資料となるため、ここでは除外している。

1.2　初期の読書傾向調査

　さて、それではこの読書傾向調査は、いつ頃から、どのように広がっていったのだろうか。読書傾向調査については、通史的な研究ではないものの、調査事例を広く収集し、用いた永嶺重利の研究があり、本書もこの労作に負うところが大きい[2]。ただ、永嶺の研究は読書傾向調査の歴史や方法自体を検討したものとは言いがたい。読書傾向調査は、単に客観的な調査としてなされてきたのではない。あるべき読書の理念が、しばしばこれら調査にはついてまわっており、それゆえ、その理念に向けた読書の指導や統制の手段としても機能する。読書傾向調査は、こうした歴史的な役割とあわせて解明していくことが必要となる[3]。

　読書傾向調査は、明治末には比較的まとまった形で現れてくるが、これらは当時の学校の外での読書や教育、すなわち社会教育への関心の高まりと機を一にしている。この時期の調査として、資料編では1904（明治37）年に行われた

東京高等師範学校附属小学校の調査「児童家庭状況取調」（▶資料1）を収録した。家庭の状況を知ることが教育上必要という考えで考案され、通学や学業、しつけなどについて同小学校の605人の生徒の家庭に調査票を配布し、とりまとめられた調査で、「教科以外」の読物や読んでいる新聞、雑誌についても問うている。また、1910（明治43）年刊行の中村秋人『児童教育　涙と鞭』（▶資料2）も収めた。東京市内の小学校で行われた500人規模の読書傾向調査がひかれている。中村は日本新聞社の記者の経歴をもつが、その次に掲載したのは、同じく新聞記者の松崎天民がこの数年後に行った『社会観察万年筆』（▶資料3）の調査である。松崎は二つの高等女学校を訪れ、あわせて300人ほどの回答を得て読んでいる新聞、雑誌、書籍について調べている。

　中村秋人や松崎天民に共通しているのは、児童や女学生に対する出版物、特に雑誌や小説の影響への強い危惧であり、書店でそれらに接する学童に注意を喚起している点である。文壇は自然主義文学の全盛期でもあり、生田葵山の小説「都会」を掲載した雑誌『文芸倶楽部』が発売頒布禁止の行政処分をうけ、さらには起訴され裁判となって新聞で大きく報じられるのは1908（明治41）年である。松崎天民は「教科書以外に現代の女学生を教へ、現代の女学生を堕落せしむるもの」として雑誌、書籍を問題視しており、中村秋人もまた児童に対する書店や家庭での雑誌の影響を指摘している[4]。

　実際に児童や女学生を取り巻く出版物も多様化していた。雑誌では『日本少年』、『幼年画報』、『少女の友』など、少女、少年向け雑誌が分化、充実していく時期でもある。それまでの講談を手に取りやすい、読みやすい形にした立川文庫の創刊は1911（明治44）年であり、こちらも似たような廉価な出版物を大量に生み出しながら児童に広がっていった[5]。これらはいずれも東京での調査だが、同時期にやはり児童について調べている岡山県師範学校附属小学校「児童読物調査」（▶資料4）もあわせて収録しておくこととした。

　学校の「外」、授業後、あるいは卒業後の教育は、今日では生涯教育や社会教育と呼ばれるが、当時は通俗教育と呼ばれていた。そしてその中で重要な位置を占めるのが、これら学校の「外」に広がる出版物とその読書なのである。この学校の外側の教育、課外（または科外）教育や、義務教育を終えて働く人々に向けた通俗教育は、明治末にその整備が進んでいく。1906（明治39）年、文部省は通俗教育に関する通牒を出す。そこでは日露戦争の際に各地で開催された講談会や幻燈会が教育効果をあげたことがひかれ、地域の学校や施設を用い

て学校の外側の「公衆」に向けた教育が奨励された[6]。文部省では同年に全国の師範学校や高等女学校の校長に対して、小説を含め教科書以外の適切な読物の調査を行っていく[7]。また、翌1907（明治40）年には文部省側で教育に適した小説集の懸賞企画も行っており、学校や教科書以外の読書に対する関心がうかがえる[8]。

学校の外側、なかでも就学を終えた人々への教育として、文部省が各地の青年団体の調査やその組織化に着手していくのもこの時期である。1905（明治38）年の通牒で文部省は「各種青年団体」が通俗教育に効果的であるとしてその奨励をはかっていく[9]。また、日露戦争後に各地農村の振興と自治組織の整備に力を入れていた内務省も、青年団体のこうした学校の外での教育効果を重視し、調査やその奨励に乗り出していく。

1.3　読書の調査とその統制

こうしたなか、通俗教育、社会教育の施策に強く作用していった出来事が、1910（明治43）年の大逆事件である。文部大臣の小松原英太郎はこの年9月の内訓で、教育は国家の目的に適応した国民の育成を旨とすることを強調し、「極端ナル主義」に向かわせる社会主義や自然主義の図書は学生生徒に「厳ニ閲覧ヲ禁」ずる必要があるとする[10]。学校やその教科の外側で「不健全なる小説」や「不健全の文書」に読みふけることで学生が害ある思想を身に着けていくことへの強い危機感を述べ、その取締りの強化を求めていく[11]。文部省は同年に夏休み中の児童の課外読物についても通牒を通して「不健全なる思想」に結びつかないよう注意を促してもいる[12]。

そして大逆事件の翌年5月、文部省に通俗教育調査委員会が設置される。委員会は書籍や図書館事業、幻燈や映画、そして講演会の三つの部に分かれ、これらの「選定」、「選択」やその普及をはかることとなる[13]。また、通俗教育調査委員会と同じく委員長を文部次官が務め、森鷗外や幸田露伴、巖谷小波ら文学者を集めた文芸委員会もあわせて設置される。当時、すでに地方でも社会教育は青年会や婦人会、あるいは図書館の事業として始まってはいたが、主に各地の教育会を通してこうした活動を普及、奨励する予算措置もなされ、通俗教育の普及が進んでいった[14]。

読書傾向調査の歴史に話をもどせば、明治末に行われていた調査の関心が、

まさに当時の通俗教育の関心と重なり合っていたことが理解できよう。この頃の読書傾向調査は数も少なく、方法としては不十分な点も目立つが、読書傾向調査が、出版物の良否や善悪の線引きへの関心と結びついていた点を重視しておく必要があろう。それは、当時の通俗教育施策における図書や映画の良否の選定や、それをもとにした読者の指導や教化という考え方と通底するものでもある。

　通俗教育調査委員会が出版物や映画を審査、選定し、選ばれた作に「認定」を与える規定の整備が進み、1911（明治44）年の暮れには、この認定を受けた図書、文学部門36冊、教訓・教育部門31冊など、あわせて158冊のタイトルが公開されていく[15]。通俗教育調査委員会と文芸委員会はともに二年後の1913（大正2）年には廃止されるが、文部省が図書や映画を選定し、文部省認定というお墨付きを与える仕組みは恒常化されることとなる。

　読者を調べること、出版物を審査、選定すること、そして選ばれた出版物を読ませること、すなわち読者の調査、図書の推薦、読書の指導という三つの結びつきの起点は、この時期にすでにうかがうことができよう。この三者は、この時点ではゆるやかに結びつき、関わりあっているにすぎないが、その後も密接に関係しあいながら展開していく。

2　1920年代

2.1　社会教育の整備と工場労働者の読書

　大正後期、1920年代には通俗教育の施策が社会教育として形をとっていくとともに、行政主導による児童、労働者層や青年団を対象としたまとまった読書傾向調査がなされていく。内閣直属の諮問機関として設けられた臨時教育会議は1918（大正7）年、それまでの通俗教育の改善、整備に向けた諮問への答申として、文部省に通俗教育の調査会、主任官をおき、かつ地方にも主任者を設け、関連施設の普及、充実をはかる方針を示す[16]。この方針のもと、1919（大正8）年に文部省では通俗教育を担う第四課が新たに生まれる。この第四課は1924（大正13）年には社会教育課となり、通俗教育は社会教育という名称のもと、その整備がはかられていくこととなる。また、府県でもこの任にあたる社会教育主事の任用が広がっていった。こうした体制の整備を背景に、文部省による読書やその環境の調査が進んでいく[17]。

　読書の環境では、社会教育の施設や振興策の全国調査が文部省によって行われる。1921（大正10）年の『全国社会教育の趨勢』はその調査をまとめたものである。また、各地図書館に照会した調査を集約した『全国図書館ニ関スル調査』を文部省が出していくのは翌年からとなる[18]。これらはむろん読書傾向調査ではないが、読書や読書環境への関心を各地で高めることとなり、それゆえに読書を調べるという意識の普及にもつながっていく。

　ロシア革命は1917（大正6）年であり、社会思想の浸透について日本国内でも強い関心が払われていく。対立、緊張していく労使関係を背景に、政財界の出資で「社会政策に関する調査研究」を目的として掲げる協調会が財団法人として生まれるのは1919（大正8）年であり、同じ年には民間の社会科学研究所として大原社会問題研究所が生まれる[19]。社会調査の方法が体系化されていくとともに、官民を通して労働環境や農村での社会調査が精力的になされていく[20]。これら調査は読書傾向調査を主眼としたものではないが、購読新聞や雑誌、読書習慣の有無など、読書傾向調査を部分的に含んでいるものも多い。

各地の都市自治体では青年労働者を主な対象とした「青少年労務者」や「職工」、「女工」の生活、労働環境を調べる社会調査がなされていく。警視庁工場課が70の各種工場で実施した「職工事情調査」（▶資料5）は1919（大正8）年の調査である。各種製造業や工場での調査で、新聞、雑誌の「読物」調査を含んだ大規模な調査としてここでは収録した。また、内務省保健衛生調査会の委員であった高野岩三郎が提案し、そのもとでなされていった権田保之助「月島とその労働者生活」（▶資料6）からも新聞購読についての調査を収めている。労働問題や調査に関する行政側の事業は、1922（大正11）年に内務省の外局として設けられた社会局に統合、整備されていった。

　大正期には都市部を中心に女性の職業進出が進み、「婦人職業問題」が大きくとりあげられていく。こうした問題を背景に、1922（大正11）年に調査を行った東京市社会局の『職業婦人に関する調査』や、1926（大正15）年の広島市社会課による調査『職業婦人生活状態』といった調査がまとめられていく[21]。これらは工場労働者ではなく、おもに教師やタイピスト、事務員といった「精神労働者」、あるいは「智的労務者」を対象としたものである。本書では前者、デパートや銀行、学校の職業婦人900人を調べた『職業婦人に関する調査』（▶資料11）に含まれる読書調査を収録している。

　この『職業婦人に関する調査』は317の工場で働く女性の調査を付録として収録しており、本書ではその調査も収めている。明治期に日本の近代化を支えていった織物、製糸、紡績といった繊維産業では、低賃金で長時間の若年労働者、特に女性労働者が大きな割合を占めていた。大正末でも女工の総数は全国で約87万人にのぼる[22]。これら女性の工場労働者についての調査では、労働環境や余暇利用についての関心から読書がやはり調べられてもいる。1927（昭和2）年に中央職業紹介事務局が各地の職業紹介所を通して34の工場で行った調査をまとめた『紡績労働婦人調査　職業別労働事情　五』（▶資料17）のほか、神戸市社会課が翌1928（昭和3）年に調べた『マッチ工業従事女工ノ生活状態調査』（▶資料20）、社会局監督課による同年の調査「職工の希望等の調査（宮崎県）」（▶資料21）をここでは収録したほか、やや規模は小さいが読書に関心を向けた多田野一「工場労働者の読書傾向」（▶資料19）を収録している。

2.2　青年の修養と読書

　都市の工場や農村で働く労働者には、小学校を終えて働く青年男女たちが含まれるが、これら青年層の教育が大きな課題ともなってゆく。小学校を終えた若者たちは、農業であれ、工業であれ、さらなる実業教育が必要となる。こうした補習教育を担ったのが実業補習学校だった。1893（明治26）年から「小学校ニ併置」される形で設置され、国庫補助を受けて増加し、その数は大正年間には7,300校から倍増し、昭和初年には男女あわせて113万人が教育を受けていた[23]。1926（大正15）年には青年訓練所令が公布され、実業補習と共に、在郷軍人による指導、教練も兼ねた青年訓練所が各地で生まれていく。

　こうした青年に向けた学校教育の外側の教育として、地域の青年団が大きな役割を果たしていた。内務省や文部省は1915（大正4）年の訓令で青年団を明確に「青年修養ノ機関」と位置づけていく。全国の青年団の組織化も進み、1925（大正14）年4月には大日本連合青年団が生まれる。そしてその活動の中で読書は大きな役割を担っていく[24]。

　社会教育行政の整備が進むなか、各地で社会教育を担う役職の登用が進んでいった点についてはすでにふれた。後述の修養団の活動とも深く関わっていた小尾晴敏が始める社会教育研究所は、こうした人材養成の草分けといえるが、そこで学び、大日本連合青年団の機関紙の編集や、青年団の全国調査を起案し、とりまとめていくのが熊谷辰治郎である[25]。そして彼は編集にあたっていた『青年』誌上で、1926（大正15）年に「読書会を興せ」とする記事を掲げ、『青年』を用いた読書会や誌友会を作ることを推奨し、あわせて青年読書の調査を行っていった[26]。

　大日本連合青年団は、青年団の全国的な調査を1926（大正15）年、そして1930（昭和5）年と実施し、その結果をまとめていく[27]。青年団単位だが、各地の青年団で支持を集めていた新聞や雑誌、図書の調査がそこではなされている。ここでは1926年の調査のうち熊谷が読書に関する部分をまとめた「青年団員が如何なる書籍を読むか」（▶資料14）と、1930（昭和5）年の調査『全国青年団基本調査　昭和五年度』（▶資料22）を掲載している。熊谷はこれら読書傾向調査を雑誌『帝国教育』などに発表する一方、自身でも折に触れて青年を対象に読書傾向調査を行っていった。それが収録した1928（昭和3）年の

「地方青年の読物調査」(▶資料18) である。熊谷はまた、翌1929 (昭和4) 年には大日本連合青年団に青年読物調査会を設け、帝国図書館長の松本喜一や、日比谷図書館の今沢慈海らの協力を得て、青年向けの推薦図書目録も出していく[28]。

青年団運動には、自己を磨き、自らの人格を高めて、社会の改善や国家の救済へと貢献していく修養団の思想や活動がその背景としてある。蓮沼門三により東京高等師範学校で生まれていく修養団は、機関紙『向上』を刊行し、大正期に財界や教育界でも多くの支援者や賛同者を得ていった[29]。青年団運動の草分けとして知られる山本瀧之助は青年団を導く指導的な存在として、この修養団を位置づけている[30]。これらは主に男性青年が対象だが、修養団の幹事であった後藤静香が1918 (大正7) 年にはじめた希望社は、女性に向けて、読書を手立てとした修養を浸透させ、広げていく。同年、主に高等女学校生に向けた雑誌『希望』の刊行を始め、1924 (大正13) 年には工場で働く女性たちに向け雑誌『泉の花』を刊行していく[31]。

さきにあげた読書傾向調査『紡績労働婦人調査　職業別労働事情　五』や「職工の希望等の調査(宮崎県)」ではこの『泉の花』が『キング』と拮抗するほどの読者を示していることもうかがえよう。希望社は学校や工場、農村でそれらを共同で読む愛読者会を作るよう働きかけ、各地で広く誌友を作り出していった[32]。また、東京市では社会教育主事の松原一彦や帝国図書館長の松本喜一が、社会教育の手立てとして希望社の刊行物を推奨しており、当時の社会教育施策とも関わり合いながらその雑誌が広がりを得ていったことがうかがえる[33]。

2.3　児童の課外読物と読書への関心

大正後期は、豊富な児童向け出版物の刊行を背景に、児童教育や学校外で児童が読む課外読物への関心が高まり、大規模な児童の読書傾向調査がなされていく。遠藤早泉は、この児童読物への関心の高まりの理由として、第一に学校教育や教材が窮屈で不十分という批判や不信、第二に文部省や自治体が社会教育に力を注いできたこと、そして第三に文芸や芸術教育への関心の高まりを指摘する[34]。この遠藤早泉自身も、こうした関心を背景に1921 (大正10) 年に読書傾向調査を行っており、その著『現今少年読物の研究と批判』(▶資料7) と

して刊行している。ここではその調査を収録するとともに、児童についての比較的規模の大きい読書傾向調査として東京市社会局が1925（大正14）年の調査をまとめた『小学児童思想及読書傾向調査』（▶資料12）、また翌年に京都市の小学校教員会が行った『児童読物の研究』（▶資料15）の調査を収録している。前者の『小学児童思想及読書傾向調査』は45校、約25,000人、後者の京都の調査では17校、約8,000人を対象としている。

　ただ、児童に限らず、読書傾向調査では何を「本」とし、どこまでを「読書」と考えるかは、調べる側、調べられる側共にばらつきがある。現在でも「読書」に絵本や漫画を含めるかどうかは人によって意見が分かれよう。もしもこれら児童の読書傾向調査が、どこからどこまでを読書ととらえていたのかが一定しないならば、これらの調査結果自体がかなり曖昧なものとなろう。とはいえ、当時の児童の読書傾向調査を見ると、この範囲にかなり意識的であったことがよく分かる。

　児童の場合、読む対象には漫画や絵本、あるいは「赤本」といった多様な対象が含まれ得る。赤本とは、広くは売れ残った見切り本や特価本、安価な質の悪い本の蔑称としても用いられるが、狭くは、すでにある版（紙型）をもとに加工し、低コストで作られた出版物で、通常の本の流通とは別に戦前は店舗で顧客への直接販売もなされていた。児童向けの赤本は、廉価で豆本のような小さな判型も多く、書店ばかりでなく縁日でも売られる玩具に近い存在であり、講談本や、忍術物、探偵物など、多様な形で広がっていた[35]。大正期にはさらに漫画がそこに大きな位置を占めるようになっていく[36]。

　児童の読書傾向調査は、そもそもこうした漫画や赤本の児童への浸透、広がりに対する強い危惧と結びついてなされていた。それゆえにこれら漫画や赤本、豆本といった形の違いを意識した調査が多い。収録した葺合教育会児童愛護会『児童読物之研究』（▶資料9）は、1923（大正12）年に神戸市の葺合で約9,000人の小学校児童を調べたものである。この調査の場合、児童に最も歓迎されているものとして豆本に注意を向け、通常の児童書とは別に「豆本」で支持されているタイトルも集計し、まとめていることが分かる。また、先述した1925（大正14）年の東京市社会局庶務課「小学児童思想及読書傾向調査」（▶資料12）は、タイトルやジャンルが混在して集計されてはいるが、それでも「絵本」や「正チャンの本」、「忍術の本」といった項目が明確に設けられていることが分かる。読書傾向調査は、ただ読書を調べているわけではなく、児童を取

り巻く出版物への危惧と、良書、悪書の線引きや読書の指導という目的と結びついたものなのである。

　小学校よりも上の層、中等教育や高等教育での読書傾向調査には、こうした思想面での調査や指導との関わりがより明確にうかがえる。文部省普通学務局は1921（大正10）年、各府県に照会し、小学校、中学校での社会主義や労働問題への知識、関心を調査し、まとめている[37]。そして中学校については「愛読書を調査し適当なる指導を講ずること」を述べ、各地師範学校では実際に思想調査として愛読書、愛読雑誌について調査がなされ、その結果も遺されている[38]。本書で収録した長野県師範学校「生徒購読雑誌調査回答」「生徒思想調査」（▶資料10）は、長野県師範学校がその照会に対して、1922（大正11）年、1925（大正14）年に調査し、報告した調査である。

　また、高等教育機関での読書傾向調査として、勤務する長崎高等商業学校と、その後に異動した大分高等商業学校で継続的に読書傾向調査を行っていた森文三郎「長崎高等商業学校生徒調査」（▶資料8）「大分高等商業学校生徒調査」（▶資料16）と1925（大正14）年の東京帝国大学学友会共済部常務委員編『東京帝国大学生計調査』（▶資料13）を収めている。いずれも読書の調査自体はわずかで、学生の生計や経済に関心を向けたものだが、後に全国的な学生生活調査の形が生まれていくこととなる。

3　1930年代前半

3.1　社会教育行政の整備と全国調査

　社会教育行政の体制が整備されていくなか、1930年代には文部省や日本図書館協会による全国的な読書傾向調査がなされていく一方、地域や職業、年齢層に分化した大規模な調査もなされていく。「円本」、すなわち廉価な予約出版による多様な全集出版が昭和初期には活況を呈するが、一部読者にとどまらず児童も含めた多様な層に大量の出版物が販売、流通していく時期でもある。

　1929（昭和4）年、文部省の社会教育課は社会教育局に昇格していく。内務省にも青年団をはじめ学校外での教育をも扱う社会局があったが、教育に関わる事業はこの段階で文部省の社会教育局に統合されていった。文部省は同年、「国体観念を明徴にし国民精神を作興する」ための「教化動員」を各地の教化機関と連携して進めていくこととなるが、社会教育局はその実現のための具体的な事業を展開していく[39]。

　この翌年に社団法人となった日本図書館協会が、文部省のこの方針のもと、その補助金千円を活用して進めていくのが、読書傾向調査と、図書の推薦、普及活動である[40]。読者を調べる活動と、図書の選定やそれによる教化とが、ここでもつながっていることがうかがえよう。協会では1931（昭和6）年に良書調査委員会を組織し、推薦図書を選定、広報し、翌年からはそこからさらに選定した図書に短い説明をつけた『良書百選』の刊行を始めることとなる[41]。

　日本図書館協会によるこの時期の読書傾向調査として、同協会調査部が1934（昭和9）年に東京市内の六つの図書館に依頼して、約3,000人の回答をまとめた『図書館における読書傾向調査』（▶資料30）を本書では収録した。図書館による調査ではあるが、貸し出し、閲覧数などの閲覧成績の調査ではなく、入館者に質問紙を配布し、回答を求める読書傾向調査である。読者を年齢や職業階層に分けて購読雑誌や新聞との関係をうかがえるようになっている。ただ、この調査は実際には図書館の来館者を対象として選んだため、そこにかなりの偏りが出てしまう。来館者のうち、そもそも女性は7％しか含まれてい

なかった。

　日本図書館協会は同年に、十分とらえられなかったこの女性に焦点をあてた調査を行っていく。それが簡易保険局や白木屋など百貨店の本店、支店などで働く職業女性を対象にした調査『職業婦人読書傾向調査』（▶資料32）であり、あわせて収録している。ただ、対象となった5,000人の「職業婦人」は、高等女学校の卒業生がその4割を占めるいわば高学歴に偏った集団でもあった。これらから抜け落ちている読者層に対して、翌1935（昭和10）年に日本図書館協会が行った調査が、収録した『労務者読書傾向調査』（▶資料39）となる。官民15の工場に勤める男女、約15,000人の回答を集計している。ちなみにそこに含まれる女性のうち、高等女学校の卒業生は2％にすぎない。

　これら1934年（昭和9）年から始まる一連の協会の読書傾向調査で、「読書指導」がその調査の目的として掲げられていることにも注意しておく必要がある。この前年、図書館令が全面的に改正され、各道府県では中枢となる図書館が中央図書館として指定され、文部省、そして帝国図書館を中心に、その下に各地の中央図書館、さらにそのもとで地域図書館を指導していく体制が整備されていく。図書館は広く公衆の「教養及学術研究」に役立っていくのみならず、社会教育の積極的な指導機関としての機能をも担うよう位置づけられていく[42]。新潟県では新潟県立図書館が読書の調査も行っており、その調査「新潟市内上級児童読書状況調査」（▶資料36）をここでは収録している。

　また、読書に焦点をあてたものではないが、この時期の東京や大阪の学務部社会課が行った労働者の生活調査もいくつか収録している。読書の質問項目を含んでいるためである。東京府学務部社会課が1931（昭和6）年に行った調査から職業婦人に関する部分をとりまとめた『求職婦人の環境調査』（▶資料23）や大阪府学務部社会課が翌1932（昭和7）年に大阪市内の約11,800の朝鮮人世帯を調査した『在阪朝鮮人の生活状態』（▶資料27）、同じく大阪府学務部社会課が1934（昭和9）年に大阪府下の農村12ヶ村で行った調査『実地調査の結果から見た農村の生活』（▶資料33）である。あわせて、同年に農林省経済更生部が各県の農会を通して広範囲に実施した調査『農村部落生活調査　実態編』（▶資料35）も、読書に関わる部分を収めている。

3.2 学生生徒の思想と読書への関心

　1930（昭和5）年から翌年にかけては中学校や高等教育機関での学生の思想事件がピークを迎えていく時期でもある[43]。その対応として文部省による思想調査やその「善導」策が本格化し、読書傾向調査はそのための手立てともなっていくこととなる。1928（昭和3）年、文部省は思想善導に向けて学生課を新設し、この学生課が翌1929（昭和4）年に文部大臣直属の学生部へと昇格していく。この学生部の調査課が、学生生徒の思想調査や「読ミ物ノ調査」、つまり読書傾向調査を担当していくこととなる[44]。

　大正末年に高等教育機関などで、学生の生活調査や生計調査が現れてくる点についてはすでにふれた。名称からも分かる通り、学生の生計、すなわち生活費や住環境を調べたものだが、あわせて学生の愛読書や購入雑誌についての情報を含んでいる場合も多かった。大正末年に東京帝国大学の学友会が「吾国最初ノ企テ」として行っているが、同年には北海道帝国大学でもまとめられている[45]。1920年代の調査として、東京帝国大学と大分高等商業学校の調査を掲載したが（▶資料13・16）、似通った形式の調査が他の学校でもなされていく。ここでは加えて1932（昭和7）年に京都帝国大学学生課が調査した『京都帝国大学学生生計調査報告』（▶資料26）も掲載しておくこととした。

　文部省はこうした各学校の生活調査についての情報を収集し、1936（昭和11）年にまとめており、その時点で大学2校、高等学校、専門学校20校の生活調査で愛読書や購読雑誌が調べられていたことが分かる[46]。この段階では学校ごとに調査のフォーマットがまちまちだが、後述するようにやがて質問紙の規格が統一され、各学校での調査を統合することによって全国的な読書傾向調査のデータが作られていくこととなる。

　これら生活調査に含まれる読書傾向調査に関心を向けてまとめたものとして、奥井復太郎・藤林敬三「学生生活の思想的方面の一調査」（▶資料37）もここに収録している。もととなっているのは1935（昭和10）年に行われた慶應義塾大学の学生生活調査である。その調査から読書に関する回答情報を抽出し、学生の愛読書や購読新聞、雑誌と、その家庭の生計や父兄の職業との関係を調べようとしたものである。

　生活調査や生計調査といった形式の中で読書傾向調査がなされていくのは、

主に高等教育機関だが、小学校や高等女学校で読書についてなされたこの時期の調査にもふれておきたい。全国規模の調査としては、前節でもふれた文部省社会教育局の調査があり、児童についての全国的な調査を『児童読物調査』（▶資料40）としてまとめる。1935（昭和10）年に関東、関西の30校余りの小学校で調査しており、結果を神戸市の尋常小学校4校、京都市の尋常小学校4校、そして神戸市の高等小学校2校の三つに分けてまとめている。

また、この時期に高等女学校が行った読書傾向調査を調査した資料から、1932（昭和7）年に『東京朝日新聞』に掲載された東京府立第五高等女学校「女学生の読物調べ」（▶資料24）と、同年の『綜合出版年鑑』で紹介された東京府立第三高等女学校「女学生の読む雑誌」（▶資料25）を収録している。いずれも学校側でなされた調査を紹介したもので、これら学校でも読書傾向調査に関心が向けられ、実施されていたことがうかがえよう。

3.3 読書傾向調査の学術領域への広がり

教育学や心理学などの専門領域で、読書について調査し、そのデータを活用した研究が現れてくる点にも注意しておきたい。それまでの調査では、主に東京と地方、性別といった大まかな区分でなされていたが、これら調査では学年や年齢、地域や職業、環境を含めた多様な差異や要因に関心が向けられていく。

心理学領域で読書傾向調査を児童の発達をもとに論じていったものとして松本金寿・安積すみ江による「女学校生徒に於ける課外読物の一調査」（▶資料38）と、「小学校児童に於ける課外読物の一調査」（▶資料41）を収録した。前者は1935（昭和10）年に東京市内の高等女学校生徒1年から5年まで約1,300人を対象にした調査であり、後者は翌年に東京市内と山梨県下の小学校あわせて2,400人を対象にしている。

国語教育の領域では、小学校児童の読書傾向調査をもとにした論考を複数収めた『児童読物の系統的研究』が注目されよう。同書から収録した八島炳三「児童読物の系統的考察」（▶資料31）は、八島が勤務する宮城県師範学校附属小学校で1934（昭和9）年になされた調査である。また、小椿誠一「児童読物の系統的研究」（▶資料34）も同書から収録した。小椿誠一は当時、東京市鞆絵小学校の訓導の職にあり、同小学校の児童1,062人を対象に行った調査である。

また、この時期に新たに生まれてくる研究領域、新聞学も注目される。財界からの寄付を得て東京帝国大学では1929（昭和4）年に新聞研究室が設置される。新聞学の草分けでもある小野秀雄は、ここで読者についての調査を進めていく。小野の新聞学は、新聞と読者との関係の究明を新聞研究の土台としており、設立当初から読者側の新聞への関心をとらえる「閲読調査」、すなわち新聞、雑誌の読書傾向調査を重要な資料としてとらえていた[47]。ここでは、同研究室の最初の読書傾向調査として1932（昭和7）年に行われた「小学児童及び保護者に対する新聞閲読調査」（▶資料28）を掲載している。同年、第一寺島尋常小学校、神奈川県立師範学校附属小学校の尋常3年以上の児童とその父兄を調査したものである。

同じく掲載した東京帝国大学文学部新聞研究室「壮丁閲読調査」（▶資料29）は、翌1933（昭和8）年の調査である。この調査は、麻布、本郷連隊区での徴兵検査を活用して行われたもので、回収した調査表は21,192人分に及ぶ大規模なものとなっている。徴兵検査の対象となる同年代の男性に絞った大規模な調査として注目されよう。この時期の小野らの調査は、新聞への関心のみではなく、あわせて購読する雑誌をも調査項目に含んでいる。これら調査は小野秀雄や、同研究室の小山栄三の当時の研究に生かされてもいる[48]。

こうした多様な学術領域で見られるようになる読書傾向調査が、単なる調査ではなく、あるべき「読書」に向けた指導や統制に結びついている点にも注意しておく必要がある。「児童読物の系統的研究」の小椿誠一の場合も、そのうえで児童のために選ぶべき読物の基準として「文学趣味」や「剛健なる国民精神を養成する」ことをねらいとする。師範学校の附属小学校での調査を行った八島炳三の場合は、児童の読書傾向を把握したうえで、「国民思想」、「日本精神」を培う歴史に関心を向けた指導を構想している[49]。また、小野秀雄や小山栄三らの新聞学研究は、戦時下における思想、情報統制に有用な知としても役立っていくこととなる[50]。

4　1930年代後半以降

4.1　読書の指導・統制へ

　日中戦争が本格化していく1937（昭和12）年、文部省の思想局は教学局となり、同年8月には国民精神総動員実施要項が閣議決定され、皇国精神の涵養や勤労奉仕といった形で、高等学校や大学へ次々と指示がなされていった。国民精神総動員運動のもと、文部省の社会教育局が中心となって進められた教育、教化団体の組織化は、1940（昭和15）年の大政翼賛会の運動として形をとっていく。文部省はそれまでも良書の認定や推薦を行っていたが、この時期にはより積極的な読書指導に乗り出していくこととなる。1942（昭和17）年、日本図書館協会は国民の読書指導の方策として、文部大臣への答申「大東亜共栄圏建設と国民読書指導方策」を出していく[51]。各地の中央図書館を拠点に、全国に読書会を組織し、それらを指導していく仕組みがそこで構想されていく。そして文部省と、日本図書館協会とで同年作成、配布されるのがそのマニュアルである『読書会指導要綱』となる[52]。そこでは集団での読書が推奨されるとともに、それぞれの読者層に応じた、読書会にふさわしい図書のリスト（甲種図書群）も付されている。

　そして読書傾向調査が、こうした読書の指導、統制の仕組みと、深く結びついている点に注意しておく必要がある。読書の指導の前提となるのは、そもそもどういう読者がどれだけ、どういった図書や雑誌を読んでいるかという実態の把握、すなわち読書傾向調査である。望ましい読書がなされているのであれば、何も指導の必要はない。こうして読書傾向調査は読書を批判し、矯正する根拠を作り出すこととなるし、また、その指導が効果を挙げているのか検証していく手立てともなった。読書の指導、統制と、読書を調べる営みとの結びつきに注意しなくてはならないのはそれゆえである。

　さて、読書会やその指導のマニュアルともいえる『読書会指導要綱』の図書リストは、小学校卒業程度の読者を対象として編まれている。すなわち中学校や高等女学校に進むことなく働く、膨大な勤労青年層、青年学校生の層こそ、

この指導対象の中核となる層であった。1926（大正15）年には青年訓練所令が公布され、実業補習と共に、在郷軍人による指導、教練も兼ねた青年訓練所が各地で生まれていく。こうした勤労青年たちの学ぶ実業補習学校や青年訓練所は、1935（昭和10）年に青年学校に統合されていく。統合前の実業補習学校や青年訓練所はそれぞれ全国で15,000校にのぼっていたが、この青年層が青年学校に統合され、その生徒数は男女あわせて200万人をこえていく[53]。青年学校は義務化が進められ、3年後に男子の義務化が決定される。勤労青年たちは、こうして膨大な「青年学校生」という層を形作ることとなる。戦時下の読書の調査と指導で、強い関心が向けられていくのがこの層であった。

4.2　読書を通した勤労青年への関心

　青年学校の義務化によって生まれた青年読者層の調査と、それをもとにした指導の方策は戦時下における重要な課題となっていく。工場で勤労青年の読書調査やその指導にあたっていた高橋慎一は、1942（昭和17）年に文部省主催の会議の講演で、戦時下における人的資源の活用のために読書こそ重要であると述べる。青年という「人的資源の維持、錬成」は、国防と生産力の増強に不可欠であり、読書指導はそのために意味をもつとする[54]。同じ年に、やはり読書傾向調査をまとめた石川春江は、より端的に、青年の文化や読書が人々の関心を引いている理由として、戦時下の労働力不足をあげている。数次にわたる労務動員で、労働力に余剰がない状況では、量ではなく勤労青年の質をあげるしかない。そのために読書指導が重要とする[55]。そしてむろん、勤労青年は、第一線の「産業戦士」であるとともに、「近く健兵となるべき」存在であり、それゆえ読書を含めたその指導が重視されていた[56]。

　この勤労青年層を対象にした読書傾向調査が1930年代後半には数多くなされていく。川崎造船所が1936（昭和11）年にその職工23,000人を対象に調べた「新聞雑誌購読調査」（▶資料42）及び同年の調査である東京市日本橋区第三青年学校『本校生徒の生活並心理に関する調査研究』（▶資料43）をここでは収録した。また、翌年にできる日本労働科学研究所の桐原葆見「青年の読書に関する調査」（▶資料52）を収めた。暉峻義等を所長として生まれる日本労働科学研究所（のちに労働科学研究所）は、戦時下の国民の労働力の発揚、伸長の科学的調査、研究を目的とした国策研究機関であり、桐原の調査は工場の青

年学校5校、農村の青年学校9校を対象にした1938（昭和13）年から翌年にかけての調査である[57]。また、同研究所が1941（昭和16）年にやはり青年学校を調査した『青少年の勤労生活観』（▶資料61）も収めた。同書では青年向けの図書リストもこの研究所独自に考案しており、読書の指導との結びつきがうかがえる。

　日本労働科学研究所と同じ1937（昭和12）年に生まれた東京帝国大学の岡部長景教育研究室の海後宗臣や飯島篤信も、青年学校生を対象とした調査に力を注いでいる。収録した飯島篤信「勤労青年の読書傾向」（▶資料53）は1939（昭和14）年の東京下町の青年学校を対象にした調査である。あわせて日本青少年教育研究所の坪井敏男「青少年の余暇生活」（▶資料62）も掲載した。1941（昭和16）年に千葉県の青年学校男女約2,000人を対象とした調査である。

　読書の指導や統制をとらえる際に、文部省や官民の研究、教育機関とともに忘れてはならないのは、出版する側内部からの統制である。1940（昭和15）年には出版社を集め、一元的に統制する日本出版文化協会が生まれ、出版の企画審査や推薦を含めて幅広く統制に関わっていく[58]。そしてこの日本出版文化協会が図書推薦や読書指導とあわせて『日本読書新聞』で各地の読書傾向調査を掲載、紹介していくとともに、協会に設けられた児童課が児童や、青年についての大規模な読書傾向調査を進めていく。ここに収めた日本出版文化協会児童課「勤労青少年の読書状況」（▶資料63）や、「勤労青年は何を読むか」（▶資料67）がそれで、いずれも1941（昭和16）年になされた青年学校生の調査である。

　一方、中学校や高等女学校に進んだ青年たちについてのこの時期の読書傾向調査では、女学生に向けた読書傾向調査が目立つ。ここに収めた小林さえ「女子青年の読書調査」（▶資料46）は1938（昭和13）年に女子師範学校と、併置されている高等女学校とで、生徒約800人を対象になされている。そして同年の茨城県立某高等女学校「女学生の読書調査」（▶資料50）、翌年の東京府中等学校補導協会による調査「中・女学生は何を読む」（▶資料51）や神奈川県某高等女学校「女学校の読書調査」（▶資料55）は、いずれも前述の『日本読書新聞』が報じたものである。加えて、1940（昭和15）年に東京の高等女学校で約1,000人を対象に調べている神崎清「女学生は何を読んでゐるか」（▶資料58）や、台北第一高等女学校での調査「女学校一年生の読物について」（▶資料59）も収録した。

4.3　高等教育機関の読書と錬成

　文部省の思想局にかわって、1937（昭和12）年には教学局が創設され、そのもとで高等教育における集団勤労作業の強化や、「国体の本義」を基軸とした教学の再編が進んでゆく。高等教育機関で、それぞれに生活調査や生計調査がなされ、読書についてもその中で調べられていたことについてはすでにふれた。それぞれにまちまちであった調査のフォーマットは、この教学局のもとで統一され、その統一フォーマットに、いつも読む雑誌・新聞と最近読んで感銘を受けた図書が入ることになる。こうしてまとまる翌1938（昭和13）年の調査が『学生生徒生活調査』（▶資料48）である。高等教育を受けている限られた層ではあるが、128校、63,000人に及ぶ広範な調査となっている。

　教学局が上下巻で作成したこの調査報告は、あくまで各学校からのデータを集約したものであって、そこからは対象となる一校一校の情報はうかがえない。しかし、調査が全国化し、規格も一般化したことで、各地の学校では調査したこの自校のデータを独自に刊行する動きも広がっていった。これらからは各学校のより詳細な情報が追える。同年の調査を刊行したものとして、ここでは横浜高商図書課「昭和十三年十月　読物調査」（▶資料47）のほか、旧植民地における学校の状況がうかがえるものとして台北帝国大学と京城帝国大学の『学生生活調査』（▶資料49）を収録した。

　これら読書傾向調査の刊行は、読書や、それを調べること自体が重要であるというイメージ、認識を広げていくこととなったであろう。読書の手引きとして、戦後も版を重ねる河合栄次郎の『学生と読書』はこの年に刊行される。同書の戦前の版では、これらの各校の読書傾向調査を集めて収録しようとしていたこともうかがえる。新渡戸稲造『読書と人生』や、安倍能成、美濃部辰吉らの読書観を収める『読書の眼』といった読書のガイド、マニュアルの刊行も活発化していく[59]。大正期後期以降、高等教育機関の学生数は増加の一途をたどっていくが、加えて、1935（昭和10）年の青年学校令で膨大な勤労者層が「学生」に含まれていく。

　ただ、この時期の読書の指南書やガイドの多くは知識人読者を想定した内容、文体となっており、「インテリ層」の「読書人」「読書階級」に閉ざされていることが、国民読書運動では批判されていく点ともなる。国民読書運動は限

られた知識人を作り出すことではなく「国民の大多数を占める従来の高等小学校卒業程度の人々」の教養を高めていくことを目的としていた[60]。

1941（昭和16）年に、高等教育機関と青年学校とをあわせて大規模になされた海後宗臣・吉田昇『学生生活調査』（▶資料66）の読書傾向調査は、こうした「教養の再組織」に向けた国民の「あるべき読書」を強く意識した調査となっている。海後宗臣や、先に勤労青年の読書傾向調査で引いた飯島篤信の属する東京帝国大学の岡部教育研究室は、1937（昭和12）年に貴族院議員の岡部長景の支援で、戦時下の「新しい国家体制建設」のための教育国策を研究する機関として生まれ、青年や農村の実態調査を精力的に行っていく[61]。

この調査では高等教育機関の学生たちの読書を「教養」、勤労青年たちのそれを「修養」あるいは「実用」として特徴づけている。実際には区分し難い両者（調査でもどの雑誌が「修養」でどの雑誌が「教養」なのかは明示されていない）の違いを海後らはあえて際立たせ、その溝を埋める新たな「教養」を提唱する。すなわち、知識に偏した高等教育を身体や精神の訓練・錬成の方向へ、一方で青年学校生には専門知識を身に着ける方向へと指導し、両者の溝を埋め、統合していこうとするわけである。

文部省や研究機関、学校によって大学生や高等学校生の読書の調査や指導が進められていく一方、この時期には読書を含めた生活調査が、学生たち自らによってなされる事例が多く見られるようになる点が注目されよう。読書を調べ、指導する側のまなざしが、その対象である学生の内に根付いていったことがうかがえるためである。各学校で組織される学生報国団による調査や、学生寮での調査としてそれらは形をとっていく。収録した1941（昭和16）年の明治大学報国団政経学会『明治大学専門部学生生活調査報告』（▶資料60）や一校自治寮「愛読書調査」（▶資料71）、1943（昭和18）年と翌年の調査をまとめた第五高等学校報国団「生徒生活調査報告」（▶資料72）はこうして生まれた読書傾向調査である。また、学生が大学での研究テーマとして読書傾向調査を実施したものとして、川越淳二『早稲田大学読書傾向調査報告書』（▶資料69）もここでは収録している[62]。

4.4　児童読物の「浄化」

児童の読書傾向調査については、文部省社会教育局による1935（昭和10）年

の全国調査について先にふれた。全国とはいっても実際には主要都市の調査である。一方で小規模ながら、読書傾向調査は各地に広がっており、そこからはそれぞれの地域の読書環境もうかがえる。そうした調査として、1937（昭和12）年の山梨県教育会社会教育調査部「社会教育に於ける読書教育普及充実に関する調査」（▶資料44）や同じ年に出た宮城県の東二番丁尋常小学校「児童課外読物調査」（▶資料45）、また同じく東京でも府下の農村での1940（昭和15）年の調査である服部智「児童文化環境の調査と読書指導」（▶資料54）を収録している。

　さて、先述の文部省社会教育局の「全国」調査、つまり都市部の調査では、漫画の浸透が大きな割合を占めていることがうかがえる。「童謡・童話・小説・物語・講談」という項目とともにこの調査では「漫画」が設けられているが、童話や講談などをすべて合わせた前者の数よりも「漫画」の方が各都市で上回っていた。

　こうした赤本漫画を含む児童向け出版物の商業主義批判に端を発する形で、その「浄化」が内務省の主導によって進んでいく。1938（昭和13）年7月、内務省は児童向けの出版社や雑誌編集者を集め、その具体的な改善方策を示すとともに、改善の「根本的基準」を作るために作家や児童心理学者ら九人に答申を求めていく[63]。その答申をもとに内務省が作るのが児童向け良書の基準ともいえる「児童読物改善ニ関スル指示要綱」であり、10月に出版関係者を集めてこれらを配布、指導することとなる。それと並行してこの年9月から、この基準からはずれる児童向け漫画や小説の発禁処分が次々となされていった[64]。

　翌1939（昭和14）年5月、文部省は研究者、文学者や小学校の訓導、図書館関係者らを含めた児童図書推薦委員会を構成し、児童の読書指導を視野に入れた新たな図書推薦事業を進めていく。内務省や文部省との連絡、調整のために児童向け出版社や編集者らの組織化も進められていった。そして1940（昭和15）年に出版事業を統制する日本出版文化協会が生まれ、そこに児童課が設けられる。この年の暮れには内閣情報部が拡充され、検閲や宣伝の任を担う情報局が生まれ、情報局や文部省と日本出版文化協会の児童課とが連絡、調整して出版していく体制が整備されていく。この児童課が青年層について行った読書傾向調査はすでにふれたが、収録した日本出版文化協会児童課「児童課が試みた予備調査」（▶資料65）は1942（昭和17）年になされた読書傾向調査である。

　文部省も「読物改善」に関わった教育者や研究者らの指導のもと、大規模な

読書傾向調査を進めていく。1940(昭和15)年には全国の小学校を対象に3万枚の調査票を配布、約15,000票を回収し、その結果からまず推薦図書がどれだけ読まれているかをまとめる。それが収録した文部省「児童読物調査　推薦図書」(▶資料57)である。また、その後に出てくる雑誌についての結果を文部省「読物調査　雑誌」(▶資料56)として収録した。

1941(昭和16)年の国民学校令で、戦時下の小学校は国民学校へと再編されていく。この新たな国民学校を対象とした生活調査でも読書傾向調査が含まれている。ちょうど移行期に東京と農村の小学校、国民学校を対象になされた教育研究同志会事務局『学童の生活調査』(▶資料64)と、1942(昭和17)年に東京府内政部社会教育課が行った調査をまとめた『少国民生活調査報告』(▶資料68)をここでは収録している。

　以上、大まかではあるが戦前、戦中の読書傾向調査の役割や推移について追いながら、本書に掲載した読書傾向調査について述べてきた。以下の資料編では、具体的にこれら読書傾向調査を、調査実施の時期順に、簡略な解説と共に収録している。実施時期が分からない資料は、発表、刊行時期をもととした。それぞれに調査の施行者、時期、対象、方法やその資料の書誌情報を記したが、これら情報が不明な資料も含まれる。表の作成にあたって、元の表の明らかな誤記は修正し、度数分布表の合計値は100に統一した。表の収録範囲や項目は本書にあわせて改めたが、項目や説明には元資料の用語(「愛読」あるいは「購読」等)をなるべく生かせるよう配慮した。

　掲載できなかった資料を含め、確認できた読書傾向調査の文献の一覧を、刊行時期順にまとめて巻末に付した。刊行時と調査の時期とは必ずしも同じではないので、各書誌情報の末尾に調査の時期(調査時期不明の場合刊行年)を[〜年調]といった形で示している。また奥付のない文献は、調査、報告年などを書誌情報の刊行年月に代えて記した。ただ、戦前、戦中の読書傾向調査はこのリストがむろんすべてではない。公開、非公開を問わず数多くなされたその調査をすべて網羅することは難しい。今後見つかってくる調査も多かろうが、今後の研究への一つの里程標として、本書の資料が役に立てばと思う。

●注

1：拙著『読書の歴史を問う』（改訂増補版、文学通信、2020年8月）。
2：永嶺重利『雑誌と読者の近代』（日本エディタースクール出版部、1997年7月）。また、山本武利『近代日本の新聞読者層』（法政大学出版、1981年6月）でもこうした資料が収集活用されているほか、作者や出版への統制という観点から読書調査に着目した上田信道「戦時下の読書調査（1）」（『児童文学資料研究』18号、1984年11月）がある。
3：拙著『〈大東亜〉の読書編成』（ひつじ書房、2022年2月）。
4：松崎天民『社会観察万年筆』（磯部甲陽堂、1914年7月）338頁。
5：滑川道夫「大衆的児童文学前史としての「立川文庫」」（加太こうじ、上笙一郎『児童文学への招待』南北社、1965年7月）。
6：『官報』第6792号（1906年年2月22日）。
7：「教科以外の読物」（『教育時論』803号、1907年8月5日）。
8：「文部省物語懸賞募集」（『教育時論』786号、1907年2月15日）、「懸賞物語の当選者」（『教育時論』792号、1907年4月15日）。
9：熊谷辰治郎編『大日本青年団史』（熊谷辰治郎、1942年8月）。
10：阿部浩「学長宛社会主義及自然主義等に関する文相内訓伝達書」（1910年9月、早稲田大学歴史館所蔵）。
11：小松原英太郎『教育論』（二松堂、1911年7月）320、323頁。
12：「暑中休暇と読物」（『教育研究』77号、1910年8月）。
13：山松鶴吉『通俗教育講演要領及資料』（宝文館、1912年2月）22頁。
14：倉内史郎「明治末期社会教育観の研究」（『野間教育研究所紀要』20集、1961年12月）。
15：『官報』第8553号（1911年12月22日）。
16：海後宗臣編『臨時教育会議の研究』（東大出版会、1960年3月）835頁。
17：国立教育研究所編『日本近代教育百年史』（7巻、教育研究振興会、1974年8月）。通俗教育から社会教育への用語変更自体は1921年になされた。
18：文部省普通学務局『全国社会教育の趨勢』（『社会教育基本文献資料集成 第6巻』大空社、1991年1月）所収。文部省普通学務局『全国図書館に関する調査』（同、1922年10月）。
19：矢次一夫編『財団法人協調会史』（「財団法人協調会」偕和会、1980年9月）6頁。
20：高橋彦博『戦間期日本の社会教育センター』（柏書房、2001年2月）。
21：『職業婦人に関する調査』（東京市社会局、1924年12月）、『職業婦人生活状態』（広島市社会課、1927年4月）。
22：村上信彦『大正期の職業婦人』（ドメス出版、1983年11月）。
23：朝比奈策太郎『大東亜建設と青少年教育』（第一出版協会、1944年3月）。
24：「青年団体ノ指導発達ニ関スル件（1915年9月15日内務省文部省訓令）」（文部省社会教育局『男女青少年団概況』文部省社会教育局、1939年3月）61頁。
25：上野景三「解説」（『熊谷辰治郎全集』勁草書房、1984年2月）。なお、小尾晴敏と社会教育研究所の関わりについては刈田徹「大正期猶存社系国家主義運動に関する一

考察」（『拓殖大学論集』170 号、1987 年 10 月）が論じている。
26：「読書会を興せ　読書の好期来る」（『青年』1926 年 10 月）。
27：初回の市町村青年団基本調査は日本青年館によって 1922 年に実施され『青年』誌上で結果が公開された。その後、調査は大日本連合青年団に引き継がれ、1926 年に第 2 回調査が行われる。
28：大日本連合青年団調査課『青年読物に関する調査　第 3 輯』（大日本連合青年団、1930 年 3 月）。
29：修養団運動八十年史編纂委員会『修養団八十年史　概史』（修養団、1985 年 11 月）。
30：山本瀧之助「両者の関係」（『向上』16 巻 12 号、1922 年 12 月）。
31：希望社に関する先行研究や資料については拙論「希望社資料の可能性　後藤静香記念館所蔵資料目録」（『リテラシー史研究』18 号、2025 年 1 月）にまとめた。
32：「愛の集団を作れ」（『希望』2 巻 11 号、1919 年 11 月）。
33：松原一彦「社会教育主事の立場から」（『希望』8 巻 11 号、1925 年 11 月）や「希望社精神の普及に就て」（『希望』7 巻 11 号、1924 年 11 月）。
34：遠藤早泉『現今少年読物の研究と批判』（開発社、1922 年 5 月）。
35：柴野京子『書棚と平台』（弘文堂、2009 年 8 月）、是澤博昭『赤本〈1938〜1941〉』（世織書房、2023 年 11 月）。
36：小川菊松『出版興亡五十年』（誠文堂新光社、1953 年 8 月）136 頁。
37：文部省普通学務局「児童生徒の思想行為並に訓練に関する調査」（『教育時論』1290 号、1291 号、1921 年 2 月 15 日、25 日）。
38：長野県師範学校「生徒購読雑誌調査回答」（『長野県教育史』14 巻、長野県教育史刊行会、1979 年 3 月）。
39：文部省「教化動員の目的及其の方法」（『民政』3 巻 10 号、1929 年 10 月）。
40：日本図書館協会『日本図書館協会百年史資料』（第 4 輯、日本図書館協会、1989 年 3 月）。
41：日本図書館協会『良書百選』第 1 輯が 1932 年 6 月から刊行。
42：「図書館令ヲ改正ス」JACAR（アジア歴史資料センター）Ref.A14100380000。
43：文部省学生部「第六十二回帝国議会説明材料」（荻野富士夫編『文部省思想統制関係資料集成』2 巻、不二出版、2007 年 12 月）。
44：文部省学生部「第五十七帝国議会説明材料」（荻野富士夫編『文部省思想統制関係資料集成』1 巻、不二出版、2007 年 12 月）40 頁。
45：東京帝国大学学友会共済部常務委員編『東京帝国大学学生生計調査』（同発行、1926 年 10 月）2 頁、また北海道帝国大学『学生生徒生活調査報告』（北海道帝国大学、1936 年 6 月）には 1926 年の初回調査への言及があるが、初回調査自体は確認できない。
46：「学生生徒の生活に関する調査」（『思想調査資料』32 集、文部省、1936 年 8 月）。
47：小野秀雄「新聞と読者」（東京帝国大学文学部新聞研究室編『東京帝国大学文学部新聞研究室研究報告　第 1 回』良書普及会、1931 年 12 月）。
48：小野秀雄『新聞原論』（東京堂、1947 年 3 月）、小山栄三『新聞学』（三省堂、1935 年 9 月）。

49：千葉春雄編『国語教育中心　児童読物の系統的研究』（厚生閣、1934年12月）。
50：吉見俊哉「東京帝大新聞研究室と初期新聞学的知の形成をめぐって」（『東京大学社会情報研究所紀要』58号、1999年）。拙著『「大東亜」の読書編成』（ひつじ書房、2022年2月）。
51：「大東亜共栄圏建設と国民読書指導方策」（『図書館雑誌』36巻6号、1942年6月）。
52：文部省社会教育局編『読書会指導要綱』（文部省、1942年9月）。
53：朝比奈策太郎『大東亜建設と青少年教育』（前掲）127頁。
54：高橋慎一「工場における読書指導　山口文庫を中心として」（『図書館雑誌』36巻4号、1942年4月）。
55：石川春江「勤労青少年の図書群について（乾）」（『図書館雑誌』37巻4号、1943年4月）。
56：田崎仁『勤労青少年の指導』（講談社、1942年9月）2頁。
57：暉峻義等『日本労働科学研究所の現状』（日本労働科学研究所、1940年6月）。
58：中野綾子「〈柔らかな統制〉としての推薦図書制度　文部省及び日本出版文化協会における読書統制をめぐって」（『インテリジェンス』15号、2015年3月）。
59：新渡戸稲造『読書と人生』（普及社、1936年2月）、帝国大学新聞社編『読書の眼』（同、1937年11月）。なお、戦前の版の河合栄次郎編『学生と読書』（日本評論社、1938年12月）には京城帝国大学予科と成城高等学校の調査が収録されている。
60：堀内庸村『国民読書と図書群』（青年文化振興会出版部、1943年5月）105、106頁。
61：岡部教育研究室『農村に於ける青年教育』（龍吟社、1942年7月）3頁。同研究室は当時の貴族院議員岡部長景の支援で設置された。同研究室の歴史と戦後教育政策とのつながりは越川求『戦後日本における地域教育計画論の研究』（すずさわ書店、2014年2月）に詳しい。
62：川越淳二『早稲田大学読書傾向調査報告書』は『戦時期早稲田大学学生読書報告書』（不二出版、2021年12月）として解説と共に復刻、刊行されている。
63：「幼少年少女雑誌改善に関する答申案」（『出版警察資料』第33号、1938年7月）。
64：浅岡靖央『児童文化とは何であったか』（つなん出版、2004年7月）、是澤博昭『赤本〈1938〜1941〉』（前掲）や同要綱の成立過程をあとづけることを試みた村山龍「大衆〈国民〉化に影響を与えた戦時下の児童文化統制」（金ヨンロン他編『言論統制の近代を問いなおす』花鳥社、2019年9月）等の研究がある。

資料編

1　東京高等師範学校附属小学校「児童家庭状況取調」（表→ p.49）

東京高等師範学校附属小学校「児童取調統計表」（『教育研究』4号、1904年7月）、同「第三部児童状況取調統計表」（同誌、6号、1904年9月）をもとに作成。1904（明治37）年5月の調査。当時、東京高等師範学校附属小学校は、3部に分けれていた。第一部は男子のみで中学校課程につながっており、尋常小学校と高等小学校よりなる第二部、尋常小学校と補習科からなる第三部は男女共学であった。同校の初等教育研究会が各家庭に調査票を配布、記名調査で生徒605人の在籍者中、589人の回答を得ている。生徒が読んでいる新聞、雑誌についての問いを含んでいる。

2　中村秋人『児童教育　涙と鞭』（表→ p.50）

中村秋人『児童教育　涙と鞭』（実業之日本社、1910年1月）をもとに作成。「児童読物の注意」の節で、東京市内の尋常小学校四年以下男女570人、五年以上高等科男女340人を対象に、「読んだものは何でも書け」として調べたもの。調査時期等は不明。著者は日本新聞社勤務ののち、児童や幼児教育関係書を刊行、『幼児教育　情と躾』（実業之日本社、1911年3月）は本書の姉妹編にあたる。

3　松崎天民『社会観察万年筆』（表→ p.51）

松崎天民『社会観察万年筆』（磯部甲陽堂、1914年7月）をもとに作成。甲乙、二つの高等女学校での調査。甲高等女学校は1年から5年、226人回答、乙高等女学校は本科3、4年の90人が回答。調査時期は不明。読んでいる新聞、雑誌名を記入させる調査。作家、記者である松崎天民の『東京朝日新聞』の新聞記者時代の著述。

4　岡山県師範学校附属小学校「児童読物調査」（表→ p.52）

岡山県師範学校附属小学校「児童読物調査」（『児童研究』19巻9号、1916年4月）をもとに作成。同小学校が全生徒524人の「科外読物」の調査を各家庭に照会した、その回答を集計したもの。調査時期は「過日」とあるのみ。特に雑誌に指定しているわけではないが雑誌名があがっている。

5   警視庁工場課「職工事情調査」（表→ p.52）

『社会政策時報』4号（1920年12月）から、9号（1921年5月）にかけて掲載された「硝子工場職工事情」、「製糸工場に於ける女工事情」、「製綿職工事情」、「化粧品製造女工事情」「染色整理其他の加工業女工事情」、「印刷製本業女工事情調査」をもとに作成。警視庁工場課が1919年5月31日管下の70の工場で調査し、113,098の調査票を集計、その後、職種別に結果がまとめられていったもので、「読物」の回答が新聞、雑誌に分けて集計されている。ここでは製糸工場（21工場、2,515人、男工165人、女工2,350人）、印刷製本業（女工1,054人）の分を収録した。

6   権田保之助「月島とその労働者生活」（表→ p.54）

内務省衛生局『東京市京橋区月島に於ける実地調査報告　第一輯』（同発行、1921年12月）をもとに作成。内務省保健衛生調査会の委員、高野岩三郎によって提案され、1919年から翌年にかけて調査が行われている。「労働者階級」における新聞の役割にも関心を向けている。1919年8月に月島第一第二尋常小学校在学4年から6年の男女1,173人とそのうちの「労働者家族の児女」659人、また、対照のため神田区東松下町の千桜尋常小学校4年から6年の児童435人に対してなされた調査。

7   遠藤早泉『現今少年読物の研究と批判』（表→ p.55）

遠藤早泉『現今少年読物の研究と批判』（開発社、1922年5月）をもとに作成。1921年の「夏のころ」、東京市767人（男子403人、女子364人）、千葉県村落254人（男子132人、女子122人）の小学生（農村のみ高等科40人を含む）を調査。家庭の購読新聞、自身の購読する「少年雑誌」、愛読する「少年読物」の名称を問い、そのタイトルを集計したものでここでは雑誌のデータを収録した。

8   森文三郎「長崎高等商業学校生徒調査」（表→ p.55）

長崎高等商業学校『商業と経済』第2冊（1922年3月）をもとに作成。1921年6月下旬に調査。563人の生徒の内、451人が回答。生計、生活調査で、新聞、雑誌の購読者数と借覧して読んでいる者の数を調べ、書籍は分野、主要著者名でとりまとめている。森文三郎は、長崎高等商業学校の教授で、同校の『研究館月報』にも調査内容を出している。後に大分高等商業学校に移り、同

校でも継続的に読書への質問を含んだ生活調査を実施し、その結果を刊行している。

9 葺合教育会児童愛護会『児童読物之研究』（表→ p.56）

葺合教育会児童愛護会『児童読物之研究』（同発行、1923年3月）をもとに作成。神戸市葺合区（現在の中央区）の尋常小学校3年以上の7,528人、高等科1,385人を対象に、1922年4月から6月の間に読んだ単行本、雑誌を記載させた調査で、出てきた単行本を含めて書名も記録されている。雑誌の部、単行本の部、豆本の部に分かれており、その集計部分を掲載した。豆本には「立川文庫流の定価三十銭以上にて小型のもの」を入れている。

10 長野県師範学校「生徒購読雑誌調査回答」（表→ p.57）

長野県師範学校「生徒購読雑誌調査回答」（『長野県教育史』14巻、長野県教育史刊行会、1979年3月）をもとに作成。1922年10月14日付、長野県師範学校長磯貝泰助より、長野県内務部長宛文書で、生徒の購読する雑誌名と購読者数の調査報告である。長野県内務部長からの照会に対して長野県師範学校が同年8月に調査し、回答したもの。あわせて、1924年12月の文部省普通学務局からの照会に対して、翌1925年1月20日付で長野県師範学校長豊田潔臣が文部省普通学務局長関屋龍吉宛に回答した「生徒ノ愛読スル各種雑誌名」（調査対象369人）のデータを収めた。

11 東京市社会局『職業婦人に関する調査』（表→ p.58）

東京市社会局『職業婦人に関する調査』（同発行、1924年12月）をもとに作成。この翌年に三省堂から『婦人自立の道』という書名でも刊行された。1922年11月から12月にかけて調査票を配布。デパートや銀行、学校の職業婦人900人からの回答をもとに集計。また、同書には、1921年11月に317工場で働く女性、1,964人からの回答を集計した調査も付録として収録されている。ここでは前者の購読新聞、雑誌、書籍と、後者の購読新聞、雑誌についてのデータを収めた。

12 東京市社会局庶務課『小学児童思想及読書傾向調査』（表→ p.59）

東京市社会局庶務課『小学児童思想及読書傾向調査』（同発行、1926年2月）

をもとに作成。東京市15区の各区から3校、合計45校を対象として1925年5月に調査。尋常科の4年から6年の男女総数25,061人（男児12,734人、女児12,327人）が対象となった。「一般社会との接触」をうかがう手がかりとして読書に着目し、「どんな本を一番読みますか」（新聞、雑誌も同様）を問う。下町、男女の区分で分けて集計している。

13　東京帝国大学学友会共済部『東京帝国大学学生生計調査』（表→ p.60）

　　東京帝国大学学友会共済部常務委員編『東京帝国大学生計調査』（同発行、1926年10月）をもとに作成。1925年12月、全学生を対象に共済部が行った調査。記名調査（無記名でも可）で学資に関するものだが、愛読書の欄を含む。5,000人に配布し、2,302人の回答をまとめたもの。愛読書は自己の専門外で「平素愛読」するものを聞き、結果をジャンルごとに集計している。

14　熊谷辰治郎「青年団員が如何なる書籍を読むか」（表→ p.61）

　　大日本連合青年団調査課編『青年読物に関する調査』（第2輯、大日本連合青年団、1929年3月）をもとに作成。1926年7月になされた全国青年団基本調査の中から、2府18県についての調査をとりまとめたもの。青年団で「最も多く読まれてゐる書籍」に回答した2,930団体から寄せられた1,711種のタイトルを集計している。富山県の調査結果は含まれていないが、同県のみを尾形正作がとりまとめた『市町村青年団基本調査報告』（日本青年館調査課、1927年4月）が別に残っている。

15　京都市小学校教員会研究部『児童読物の研究』（表→ p.62）

　　京都市小学校教員会研究部『児童読物の研究』（大島伝次郎、1927年5月）による。1926年末に、この年に読んだ出版物を調べる。17校、8,343人（男児4,576人、女児3,767人）が対象となった。読む新聞、雑誌とともに内容への関心を調べ、単行本は文学や歴史などあらかじめ領域に分けて読んだ本、読みたい本、難しくて読むのを中止した本を問う。ここでは雑誌についてのデータを収めた。

16　森文三郎「大分高等商業学校生徒調査」（表→ p.63）

　　森文三郎「本校生徒調査」（『研究資料彙報』2巻4号、1927年9月）をもとに作

成。1926年6月に大分高等商業学校の生徒449人についてなされた調査。読む雑誌、新聞の購読、借覧や図書費を問う。森文三郎は1935年から1937年にかけての生徒調査も発表している。1938年には教学局の依頼、調査様式で調査を実施。ここでは購読、借覧する新聞、雑誌とそれらを購入する各自の図書費を掲載した。

17　中央職業紹介事務局『紡績労働婦人調査　職業別労働事情　五』（表→ p.64）

中央職業紹介事務局『紡績労働婦人調査　職業別労働事情　五』（同発行、1929年2月）をもとに作成。1927年7月から8月にかけての調査。各地の職業紹介所を通して49の工場に45,000枚の調査票を配布、34の紡績工場から21,852枚を回収。このうち3,000枚を抽出して、「本はどんなものが好きですか」の質問をまとめたもので、雑誌や書籍、ジャンル名などが混在している。

18　熊谷辰治郎「地方青年の読物調査」（表→ p.64）

大日本連合青年団調査課編「地方青年の読物調査」（『青年読物に関する調査』第1輯、大日本連合青年団、1928年6月）をもとに作成。大日本連合青年団が各地で行っていた幹部講習会の参加団員522人に対して、これまで読んだ図書のうち、「面白い」、あるいは「有益」、「感動」したものを調べている。この結果は『帝国教育』（544号、1927年12月）にも「地方青年の読書傾向」として発表された。

19　多田野一「工場労働者の読書傾向」（表→ p.65）

山田清三郎「プロレタリア文学と読者の問題」（『プロレタリア芸術教程』第2輯、世界社、1929年11月）をもとに作成。印刷関係の職工男女100人、1928年春の調査。多田野一「工場労働者の読書傾向」（『新文化』3号、1928年5月）の作成した調査として引かれているが、『新文化』の当該号が確認できないため、山田論によった。

20　神戸市社会課『マツチ工業従事女工ノ生活状態調査』（表→ p.66）

神戸市社会課『マツチ工業従事女工ノ生活状態調査』（同発行、1930年9月）をもとに作成。1928年8月にマッチ工場、マッチ軸木工場で調査紙を配布し、マッチ工場2,615人、マッチ軸木工場704人の回答を集めている。マッチの小

箱張内職 527 人については組合や仲買を通して訪問し、調査。「好読」の新聞、雑誌の項目をまとめたものだが、雑誌に限らず図書も入っている。

21　社会局監督課「職工の希望等の調査（宮崎県）」（表→ p.67）

　　社会局監督課「職工の希望等の調査（宮崎県）」（『産業福利』4 巻 6 号、1929 年 6 月）をもとに作成。1925 年、26 年に続く第三回目、1928 年 9 月の調査。製糸女工の 4,543 人、人造肥料製造職工 220 人、その他の工場職工あわせて合計 7,500 人を調査。購読書籍の有無やタイトルを回答した製糸女工 4,543 人、及び人造肥料製造職工 142 人のあげた主要なタイトルをまとめる。

22　大日本連合青年団調査部『全国青年団基本調査　昭和五年度』（表→ p.68）

　　大日本連合青年団調査部編『全国青年団基本調査　昭和五年度』（日本青年館、1934 年 3 月）をもとに作成。この調査は 1922 年、26 年に続く第三回の大日本連合青年団の調査で、1930 年 4 月現在の状況を各青年団が回答したもの。1930 年 7 月に調査票を送付し、16,586 の青年団のうち、13,688 の青年団から回答をまとめた。読書については「団員ノ主トシテ読ンデキル」図書名、講義録名、新聞、雑誌名を記す項目を集計している。元資料では府県ごとに細分されている。図書と、雑誌の部分を収めた。雑誌は分野に分けて集計されているが、もっとも多くを占める文芸と修養に関する部分と、それらを含めた雑誌全体の上位を示した。

23　東京府学務部社会課『求職婦人の環境調査』（表→ p.69）

　　東京府学務部社会課『求職婦人の環境調査』（同発行、1931 年 12 月）をもとに作成。松屋、美松、白木屋デパートの依頼で、その就職希望者を扱った東京府職業紹介所の資料を、東京府学務部社会課がまとめたもの。1931 年 7 月末に調査。男性 3,744 人、女性 11,784 人の資料のうち、女性 5,779 人分の資料を集計している。「雑誌は何をお読みですか」の問いに、5,779 人中、4,939 人があげた誌名をまとめている。元資料では複数の雑誌をあげた場合に「単読／併読」として示している他、年齢層による購読者数に分かれて示している。

24　東京府立第五高等女学校「女学生の読物調べ」（表→ p.69）

　　「東京府立第五高等女学校　女学生の読物調べ」（『東京朝日新聞』1932 年 1 月 8

日朝刊）をもとに作成。東京府立第五高等女学校で、1931 年の夏休みに全校 994 人が読んだ本を無記名で書かせ、とりまとめたもの。上げられた全冊数は 5,317 冊、うち雑誌が 2,306 冊、小説や戯曲が 1,513 冊、残りが随筆や詩歌であった。元資料のうちの小説と雑誌の部分をここでは掲載した。小説は 502 タイトル、雑誌は 150 余りのタイトルの回答があった。

25 東京府立第三高等女学校「女学生の読む雑誌」（表→ p.70）

「女学生の読む雑誌（東京府立第三高女調査）」（図書研究会編『綜合出版年鑑』大阪屋号書店、1932 年 2 月）をもとに作成。東京府立第三高等女学校の図書部主任時下米太郎が全校生徒 1,060 人について調査したものとして『綜合出版年鑑』で紹介された。調査時期の記載はない。7 学年それぞれに分けて 39 タイトルの雑誌を集計している。

26 京都帝国大学学生課『京都帝国大学学生生計調査報告』（表→ p.71）

京都帝国大学学生課『京都帝国大学学生生計調査報告』（同発行、1932 年 11 月）をもとに作成。1932 年 11 月から 12 月にかけての学生課による調査で翌年 4 月の序文が付されている。在籍学生 4,815 人中、2,817 人が回答。学資金の収支以外に「愛読ノ雑誌」「新聞」の項目を含む。このうち、雑誌、新聞の集計部分を掲載した。

27 大阪府学務部社会課『在阪朝鮮人の生活状態』（表→ p.72）

大阪府学務部社会課『在阪朝鮮人の生活状態』（同発行、1934 年 6 月）をもとに作成。大阪府学務部社会課による調査で、調査は 1932 年 6 月から 12 月末の間、大阪市内の朝鮮人居住世帯 11,835 世帯（50,896 人）を調査した結果をまとめたもの。このうち、「常読新聞雑誌」として世帯であがったタイトルを集計している。元資料では、これをさらに細かい地域と学歴で区分している。

28 東京帝国大学文学部新聞研究室「小学児童及び保護者に対する新聞閲読調査」
（表→ p.72）

東京帝国大学文学部新聞研究室編『新聞研究室第三回研究報告』（東亜謄写院 1937 年 5 月）をもとに作成。東京帝国大学文学部新聞研究室の小野秀雄は、新聞と読者の関係の調査、究明を新聞学の重要な要素として位置づけ、同研究室

では読者の「閲読調査」を実施する。この調査は、1932年に東京の第一寺島尋常小学校、神奈川県立師範学校附属小学校の尋常3年から高等2年までの児童とその父兄を調査している。前者児童1,243人、後者児童250人が調査対象となっており、ここでは、「イツモ読ム」新聞、雑誌の集計部分を掲載した。

29　東京帝国大学文学部新聞研究室「壮丁閲読調査」（表→ p.74）

　　東京帝国大学文学部新聞研究室編『新聞研究室第六回研究報告』（東亜謄写院、1942年10月）をもとに作成。東京帝国大学文学部新聞研究室による1933年5月から9月の調査。麻布、本郷連隊区での徴兵検査場での壮丁を対象にした調査を実施、21,192の調査票を回収した。「国防上の見地」から時日を経てから公開された。新聞のタイトルと読む理由、内容と、「常に読む雑誌」を聞く。元資料は購入雑誌を学歴、及び読む新聞との関係がうかがえるよう集計されている。ここでは新聞の部分を掲載した。

30　日本図書館協会『図書館における読書傾向調査』（表→ p.75）

　　日本図書館協会調査部編『図書館における読書傾向調査』（日本図書館協会、1934年3月）をもとに作成。「読書指導の目的」のもとで日本図書館協会が行った調査で、東京市内の、帝国、日比谷、駿河台、京橋、深川、大橋図書館に依頼し、1934年1月24日の一日の入館者に調査票を配布、5,190人の入館者のうち、3,078人から回答を得て、集計した。「愛読書」、「愛読雑誌」と、「最近面白く」あるいは「有益」に思った図書や希望する図書を問う。元資料では対象は年齢のみでなく職業の有無、学生に細分されている。

31　八島炳三「児童読物の系統的考察」（表→ p.76）

　　八島炳三「児童読物の系統的考察」（千葉春雄編『国語教育中心　児童読物の系統的研究』厚生閣書店、1934年12月）をもとに作成。1934年7月13日、宮城県師範学校附属小学校の6学年約500人に対して質問紙を配布し、477人分の回答をまとめている。今学期読んだ本、その中で好きな本とその理由、購読雑誌、どの記事に関心をもっているかを調べている。ここでは単行本の分類をもとにした集計部分と、購読雑誌の集計部分を掲載した。

32 日本図書館協会『職業婦人読書傾向調査』（表→ p.77）

　　日本図書館協会調査部編『職業婦人読書傾向調査』（日本図書館協会、1935年3月）をもとに作成。日本図書館協会が、簡易保険局と、白木屋など百貨店の支店、本店7店舗に調査票8,400枚を配布し、4,865枚を回収して集計したもの。1934年10月から11月にかけての調査。学歴、年齢とともに「平素読む」雑誌とその記事への関心、「最近面白く」読んだ小説を単行本、雑誌、新聞の別で問うている。小説の結果は通俗、大衆、探偵小説の形で集計。ここでは雑誌についての結果を掲載した。

33 大阪府学務部社会課『実地調査の結果から見た農村の生活』（表→ p.78）

　　大阪府学務部社会課『実地調査の結果から見た農村の生活』（同発行、1936年3月）をもとに作成。大阪府学務部社会課が1934年6月から12月にかけて、調査員40人を雇用、10班に分かれて大阪府下の農村12ヶ村3,246世帯、16,747人を戸別調査しまとめたもの。「購読新聞及雑誌」の調査項目を含む。雑誌、新聞を一種購読している世帯と、複数購読している世帯を分けている。元資料では、各村ごとに分けた集計も示されている。

34 小椿誠一「児童読物の系統的研究」（表→ p.79）

　　小椿誠一「児童読物の系統的研究」（千葉春雄編『国語教育中心　児童読物の系統的研究』前掲）をもとに作成。著者が訓導を務めていた東京市鞆絵（ともえ）小学校での調査で、調査時期は「最近」とあるのみ。尋常科1年から高等科2年まで、男児500人、女児562人を対象にして読んだ雑誌、図書を集計している。ここでは図書の分類による集計と、雑誌の集計を掲載した。元資料では雑誌は学年別に集計されており、また、単行本は分類のもととなった書名も記録している。

35 農林省経済更生部『農村部落生活調査　実態編』（表→ p.80）

　　農林省経済更生部『農村部落生活調査　実態編』（同発行、1938年2月）をもとに作成。農林省経済更生部が1934年の12県の36の村落の状況を、1935年3月に各県農会を通して調査したもの。概要編、実態編の2冊にまとめられている。実態編では青森、岩手、秋田3県、各3村の詳細が収録されている。質問には「購入シツツアル」新聞、雑誌、講義録名が含まれており、この点に回答のあった7ヶ村の調査部分を掲載した。

36 新潟県立図書館児童室調査「新潟市内上級児童読書状況調査」(表→ p.81)

　　新潟県立図書館児童室調査「新潟市内上級児童読書状況調査　第一回(昭和十年春)」(『図書館研究』11 巻 3 号、1935 年 10 月) をもとに作成。新潟県立図書館児童室調査が同図書館の利用状況とあわせて尋常 5、6 年、及び高等科男女を対象として 1935 年 4 月、5 月調査にかけて調査したもの。西新潟 12 の尋常小学校と高等小学校 1 校に調査票を 4,900 枚配布し、11 校 3,943 枚を回収し集計している。雑誌は毎月購読のもの、そして一番好きな雑誌を問うており、ここではそれらの部分を掲載した。元資料では学校ごとの新潟県立同図書館の利用者数も調べられている。

37 奥井復太郎・藤林敬三「学生生活の思想的方面の一調査」(表→ p.82)

　　奥井復太郎・藤林敬三 「学生生活の思想的方面の一調査」(『三田学会雑誌』29 巻 10 号、1935 年 10 月) をもとに作成。1935 年 6 月、慶應義塾大学の経済、法、文の 3 学部の本科、高等部の学生に行った「学生生活調査」1,022 人分をもとに抽出して検討を加えている。学生生活調査には愛読書(文学、宗教、政治・経済・社会、自然科学の 4 領域)、購読新聞、雑誌を含む。本書にはこのうち、雑誌と新聞の部分を掲載した。元資料では、愛読書や新聞、雑誌と父兄の職業と地位(無職、業主、重役、社員)の区分との相関を見ようと試みている。

38 松本金寿・安積すみ江「女学校生徒に於ける課外読物の一調査」(表→ p.83)

　　松本金寿・安積すみ江 「女学校生徒に於ける課外読物の一調査」(『教育』4 巻 4 号、1936 年 4 月) をもとに作成。東京市内の「M 高等女学校」生徒 1 年から 5 年まで約 1,300 人を対象に 1935 年 9 月、10 月に調査。新聞、雑誌、単行本を読むかどうか、タイトルや関心のある内容について問うたもの。雑誌は婦人雑誌と子供雑誌に分けて調べられている。単行本では 8 割を占める「文学」の内容がより詳細に示されている。

39 日本図書館協会『労務者読書傾向調査』(表→ p.84)

　　日本図書館協会『労務者読書傾向調査』(同発行、1936 年 3 月) をもとに作成。日本図書館協会が海軍技術研究所、東京地方専売局業平工場など「各種の工業部門から代表的なもの」を選び、官営 5 工場と、民営の 10 工場に調査票を配布。1935 年 10 月から 11 月にかけて調査。28,250 枚の質問票を配布し、

回収した14,799人分の回答を集計。愛読新聞、雑誌と関心をもつ記事内容、「面白く」読んだ本、「読み度い」と思う本のほか、それらを読む場所や機会についても問うている。単行本の調査結果はジャンルで集計している。ここでは愛読新聞、愛読雑誌を掲載した。

40　文部省社会教育局『児童読物調査』（表→ p.85）

文部省社会教育局編『児童読物調査』（第一輯、同発行、1938年3月）をもとに作成。1935年に文部省社会教育局が東京、横浜、名古屋、京都、大阪、神戸の主な尋常高等小学校三十余校に調査票を配布し、翌年2月までに回収した2万枚の調査票のうち、京都、神戸両市の尋常小学校8校、高等小学校2校分をまとめたもの。課外に読む本、「面白かつた」「読みたい」本、読む新聞、雑誌を問う。雑誌は購入か借りて読むかも分けている。結果は神戸市の尋常小学校4校（2,882人）、京都市の尋常小学校4校（2,488人）、神戸市の高等小学校2校（2,884人）の3つに分けて集計されている。ここでは、神戸市の尋常科（兵庫、脇山、諏訪山、長田小学校）と高等科（若松、楠高等小学校）の雑誌に関する部分を掲載した。

41　松本金寿・安積すみ江「小学校児童に於ける課外読物の一調査」（表→ p.86）

松本金寿・安積すみ江「小学校児童に於ける課外読物の一調査」（『教育』4巻11号、1936年11月）をもとに作成。東京市内の暁星小学校（男）、豊明小学校（女）、池袋第二小学校、山梨県下の相生小学校、八代小学校、村中小学校児童の2,400人の児童を対象とした調査。1936年1月から3月調査。「不断読んでゐる」新聞、雑誌、教科書のほかに「近頃読んだ本」、「一番面白かつた本」を問う。関心のある雑誌、単行本についての結果部分を掲載した。この調査は、松本金寿「小学校児童に於ける課外読物の一調査」（『応用心理研究』4巻2号、1936年）としても報告されている。

42　川崎造船所「新聞雑誌購読調査」（表→ p.87）

「異色ある読書層を往く　工場では何が読まれる？」（『日本読書新聞』1937年4月21日）をもとに作成。川崎造船所がその職工約23,000人について、購読新聞、雑誌を調べた1936年度調査を『日本読書新聞』が報じたもの。あわせて1934年度の数値も示されている。雑誌は全職工のうち48％が無購読、一人当

たり 1.42 冊の購読とする。

43　東京市日本橋区第三青年学校『本校生徒の生活並心理に関する調査研究』（表→ p.88）

　　東京市日本橋区第三青年学校 『本校生徒の生活並心理に関する調査研究』（島崎晴吉、1937年6月）をもとに作成。同校の生徒在籍数の総計は579人、このうち普通科95人、本科175人、習字科の専修科生60人の合計330人を調査している。1936年の調査。「生徒と趣味及び娯楽」として、ラジオや日記等とともに、「読書状況」を調査。「読む雑誌」、新聞と読む頻度、箇所、最近2、3ヶ月中に単行本を読んだかどうかを調べている。

44　山梨県教育会社会教育調査部「社会教育に於ける読書教育普及充実に関する調査」（表→ p.89）

　　山梨県教育会社会教育調査部「社会教育に於ける読書教育普及充実に関する調査」（『山梨教育』1939年12月）をもとに作成。山梨県教育会が県下の小学校に読書事情について調査を依頼し、小学校長から得た報告をとりまとめたもの。1937年6月の調査。調査された学校数については定かではない。読まれている雑誌、推奨する雑誌、輪読会開催方法などを問う。ここではよく読まれている雑誌のタイトルを「小学校長報告数集計順位」で示している部分を掲載した。

45　東二番丁尋常小学校「児童課外読物調査」（表→ p.89）

　　東二番丁尋常小学校「児童課外読物調査」（『宮城教育』1937年9月）をもとに作成。同小学校の5、6年男女あわせて613人の調査。調査方法や時期については不明。新聞、雑誌の購読の有無と、どの部分に関心をもっているかを調べている。また、元資料では新聞雑誌を読むことの学業上の長所、短所を問うている。ここでは新聞、雑誌の購読の有無の部分を掲載した。

46　小林さえ「女子青年の読物調査」（表→ p.90）

　　小林さえ「女子青年の読物調査」（『教育』6巻11号、1940年11月）をもとに作成。「某都会地」の女子師範学校と、同校に併置されている高等女学校の生徒約800人を対象に、質問票を配布、集計。新聞、雑誌、単行本への関心、及びその内容についても分類してまとめている。1938年7月調査。元資料では

年齢層を同じくする学年（例えば高女3年と師範部一部1年）を併置しており、本書もそれにならった。ここでは新聞、雑誌、単行本を読む頻度、愛読雑誌、図書館を利用する頻度について掲載した。

47　横浜高商図書課「昭和十三年十月　読物調査」（表→ p.91）

　　　横浜高商図書課「昭和十三年十月　読物調査」（『全国高等諸学校図書館協議会会報』14号、1939年3月）をもとに作成。同図書課による1938年10月の調査で、564人の在籍者中、560人の調査を集計。毎日読む新聞、雑誌のほか、「近頃読ンダ本ノ中特ニ興味深カツタ」図書や、新聞、雑誌、単行本を読む目的を問うている。

48　教学局『学生生徒生活調査』（表→ p.92）

　　　教学局『学生生徒生活調査　昭和十三年十一月調査　上』（奥付無）、同下巻をもとに作成。教学局が同一フォーマットでなされた全国の学生生活調査をとりまとめたもの。官公立大学、高等学校、専門学校、高等師範学校の全学校、私立の全高等学校と私立大学5校、私立専門学校3校が含まれ、対象は128校、63,028人に及ぶ。1938年11月の調査。最近読んで「感銘を受けた」書籍、「平素閲読」の新聞、雑誌を問う。ここでは新聞、雑誌、単行本を掲載した。元資料は専門学校がさらに細分化されている。

49　台北帝国大学・京城帝国大学『学生生活調査』（表→ p.98）

　　　台北帝国大学学生課『台北帝国大学学生生徒生活調査　昭和十三年十一月調査』（阿部洋編『日本植民地教育政策史料集成（台湾編）第77巻』龍渓書舎、2013年12月）、及び京城帝国大学学生課『京城帝国大学学生生活調査報告　昭和十三年十一月現在』（奥付無）をもとに作成。教学局『学生生活調査』のために行った調査は、各学校単位で刊行されている場合も多く、学校ごとの詳細がうかがえる。ここでは旧植民地の台北帝国大学、京城帝国大学の調査を掲載した。前者は350人在籍中、316人が申告、後者は414人中383人が調査に回答している。

50　茨城県立某高等女学校「女学生の読書調査」（表→ p.99）

　　　「女学生の読書調査」（『日本読書新聞』1939年1月25日）をもとに作成。「茨城

県立某高等女学校」での田島郁による調査を同紙が報じたもの。1938年10月8日から11月7日にかけて、同学校で生徒が本を選んで感想を書く課題の際、生徒が選んだ図書を集計している。1年から4年まで902タイトルが選ばれ、うち555は小説であった。ここでは、その中で重複して選ばれていたタイトルとその数を掲載した。

51　東京府中等学校補導協会「中・女学生は何を読む」（表→ p.99）

　　「中・女学生は何を読む　東京府中等学校補導協会の調査」（『日本読書新聞』1940年5月5日）をもとに作成。東京府中等学校補導協会が、1939年11月に第一回男女中学生読書調査として府下6校、中学生2,693人、高等女学校生2,730人を対象に調べている。同紙はこの結果として支持された単行本の順位を報じている。この調査は宮田斉「最近の女学生の読物」（『少年保護』5巻10号、1940年10月）には3,500人を対象としたとある。東京府中等学校補導協会の調査の元資料は確認できていない。

52　桐原葆見「青年の読書に関する調査」（表→ p.100）

　　桐原葆見「青年の読書に関する調査」（『労働科学研究』16巻9号、1939年9月）をもとに作成。工場労働者を中心とした青年学校（東京市2校、川崎市1校、北九州市、茨城県各1校）と、農村の青年学校（神奈川県1校、宮城県2校、岩手県3校、新潟県3校）のあわせて1,952人の生徒を対象としての調査。「読んでゐる」新聞、雑誌、「雑誌以外に本（単行本）を読むか」、図書館利用の有無などを問う。1938年から1939年にかけての調査。ここでは対象校それぞれの人数と、毎月読む雑誌、図書館利用についての調査結果を掲載した。図書館の利用はそれぞれの学校周辺の図書館の有無、距離によって大きな差がでるため、学校ごとの集計となっている。

53　飯島篤信「勤労青年の読書傾向」（表→ p.103）

　　飯島篤信「勤労青年の読書傾向」（『青少年指導』1941年8月）をもとに作成。東京帝国大学教育学研究室で飯島篤信がまとめた調査。1939年、東京市下町の都市青年学校の生活調査を行い、このうち読書に関する部分をもとに論じたもの。男性が2,607人、女性780人が対象となっている。「読んでゐる」雑誌と「最近二ヶ月間に読んだ書物」をまとめた部分を収録した。雑誌、単行本と

もに個々のタイトルは出てこず、分類してまとめられている。

54　服部智「児童文化環境の調査と読物指導」(表→ p.104)

　　服部智「児童文化環境の調査と読物指導」(『教育科学研究』1940 年 4 月)をもとに作成。東京府由井村の小比企地区 237 世帯(1,293 人)のうち、児童を在学させている 123 戸について 1940 年 1 月に調査。「一般文化施設及状況」として、新聞やラジオ、読書に接する機会について問い、あがった新聞、雑誌のタイトルをまとめている。服部は当時、東京府第三由井小学校の教諭であった。

55　神奈川県某高等女学校「女学校の読書調査」(表→ p.105)

　　「乙女心を打つ本　女学校の読書調査」(『日本読書新聞』1940 年 3 月 15 日)をもとに作成。「神奈川県某高等女学校」が「最近」実施した読書傾向調査の結果として同紙で報じられる。調査対象となった同校の生徒数は 1,200 人で、支持された単行本の順位をまとめている。正確な調査時期や調査方法は不明。

56　文部省「児童読物調査　雑誌」(表→ p.106)

　　滑川道夫『少国民文学試論』(帝国教育会出版部、1942 年 9 月)をもとに作成。文部省が 1940 年に行った児童読物調査は、平澤薫「児童読物調査について中間報告」(『新児童文化』1 巻、1941 年 1 月)によれば、この調査は波多野完治、百田宗次の指導の下、文部省嘱託となった滑川道夫、平澤ら 8 人が作業にあたった。児童向け推薦図書の部分のみが先行して整理、公開された後、雑誌の読書状況について、調査にあたっていた滑川道夫が紹介している。集計した票数は 15,642 人分であった。ここでは、雑誌の地域別の購読状況と、「多く読まれてゐる雑誌」の部分を掲載した。

57　文部省「児童読物調査　推薦図書」(表→ p.107)

　　「興味ある児童の読書状況」(『日本読書新聞』1940 年 11 月 25 日)、平澤薫「文部省推薦児童図書の読書状況調査について」(『図書館雑誌』1941 年 1 月)、及び文部省社会教育局「本省推薦図書読書状況調査」(『図書時報』4 号、1942 年 12 月)をもとに作成。文部省が 1940 年 6 月から 7 月にかけて行った全国の小学校全学年を対象に 3 万枚の調査票を配布し、14,968 人(男 7,641 人、女 7,327 人)を集計している。このうち、まず文部省の推薦図書の何がどれだけ読まれているか

についての部分がまず整理され、公開された。『図書時報』の元資料では、学年と地域（都市と農村、山村等）ごとの結果も示されれている。

58 　神崎清「女学生は何を読んでゐるか」（表→ p.108）
　　　神崎清「女学生は何を読んでゐるか」（『婦人朝日』1941 年 2 月）をもとに作成。「東京市内のある一流の高等女学校」が調査（1940 年 11 月）した「約一千名」の調査結果をもととして論じたもの。ただ、この元となっている調査については特定できない。表中で神崎の著述が上位に入っているのは、この学年で副読本として用いられたためである。

59 　都留長彦「女学校一年生の読物について」（表→ p.109）
　　　都留長彦「女学校一年生の読物について」（『台湾教育』458 号、1940 年 9 月）をもとに作成。都留長彦は台北第一高等女学校の教諭。高等女学校 1 年に調査用紙を配布して今まで読んだことのある本、今後読んでみたい本を調べ、とりまとめたもの。「国語科に関係のある書名」のみがとられている。1940 年、または前年の調査だが正確な時期は不明。講読科（国語科）の 188 人が回答。元資料では全部読んだか、一部読んだかで分かれているが、全部読んだ書名をここでは掲載した。

60 　明治大学報国団政経学会『明治大学専門部学生生活調査報告』（表→ p.109）
　　　明治大学報国団政経学会『明治大学専門部（一部） 学生生活調査報告（昭和十六年七月現在）』（奥付無）をもとに作成。1941 年 7 月に調査票を配布。明治大学報国団の学生委員が中心となってまとめた調査。政経学会による政経科在学生についての生活調査で、読書は新聞、雑誌名の項目がある。1,026 人分の回答を集計したもの。

61 　労働科学研究所『青少年の勤労生活観』（表→ p.110）
　　　暉峻義等編『青少年の勤労生活観』（大阪屋号書店、1943 年 7 月）をもとに作成。暉峻義等は労働科学研究所の所長。研究所の報告を、図書として刊行したもの。1941 年 7 月から 9 月にかけての調査で、関東の 16 工場の青年学校生徒、1 年 587 人、3 年 528 人、5 年 113 人の計 1,228 人が対象となった。毎月読む雑誌と「ためになつた」単行本を問う。同書では勤労青年向けの図書群「勤

労青年文庫書目」も提示されている。

62 坪井敏男「青少年の余暇生活」（表→ p.111）
　　坪井敏男「青少年の余暇生活　農村漁村に於ける勤労青少年の文化問題を中心として」（青木誠四郎編『青少年社会生活の研究』朝倉書店、1942年9月）をもとに作成。同書は日本青少年教育研究所の調査を集めたもので坪井敏男は研究所員であった。1941年10月の調査である。千葉県下、農村漁村都市の青年学校男女2,289人を対象として調査し、比較のうえで国民学校高等科420人を調べる。「読んでゐる」雑誌や単行本や「読みたい」「面白い」出版物を問う。ここでは青年学校前期、後期生徒の読んでいる雑誌を掲載した。

63 日本出版文化協会児童課「勤労青少年の読書状況」（表→ p.111）
　　「勤労青少年の読書状況」（『日本読書新聞』1942年3月30日、同4月6日）をもとに作成。日本出版文化協会が、児童、青少年を対象とした大規模な読書状況調査の予備調査として行った結果を報じたもの。予備調査は1941年末に工業学校289人、工業附属の私立青年学校351人を対象に行われた。「最近一ヶ月に読んだ」書籍、雑誌名を問うており、単行本で5人以上のあげた書名をまとめた部分を掲載した。

64 教育研究同志会事務局『学童の生活調査』（表→ p.112）
　　宮原誠一編『学童の生活調査』（教育研究同志会、1942年9月）をもとに作成。教育研究同志会の青少年生活調査委員会（桐原葆見、依田新、宮下俊彦、井坂正一、濱真喜男、小島栄子、柴原恭治、宮原誠一、小幡三重子）が東京の国民学校の初等科6年468人（男220人、女248人）、高等科1,2年の367人（男183人、女184人）と、8府県の農村、漁村の初等科6年866人（男417人、女449人）、高等科1,2年1,125人（男610人、女515人）を対象に行ったもの。東京は1940年10月から11月調査、農村は1941年11月から12月にかけて調査。記名調査。「毎月とつてゐる」雑誌の他、家庭で児童の本を誰が選定、購入するか、児童の蔵書（教科書、雑誌以外）も問う。

65 日本出版文化協会児童課「児童課が試みた予備調査」（表→ p.114）
　　「文協　児童課が試みた予備調査」（『日本読書新聞』1942年7月20日）をもと

に作成。「勤労青少年の読書状況」と同じく日本出版文化協会が、読書状況調査の予備調査として行った結果を報じたもの。児童を対象とした予備調査で、1942年3月11日、青山師範学校附属国民学校118人、業平国民学校122人、二校を選んで実施された。「印象に残つた図書」のタイトルに加え、所蔵図書、雑誌の量や、親が子供に雑誌、図書を買う事由など、多様な項目をもとに、父兄、教師を含めて調査がなされている。この予備調査をもとに、この後5月に仙台市、上田市、名古屋市など7つの国民学校で調査が実施された。

66 　海後宗臣・吉田昇『学生生活調査』（表→ p.115）

　　海後宗臣・吉田昇『学生生活調査』（日本評論社、1943年3月）をもとに作成。海後宗臣らによる文部省補助金（精神科学研究奨励）を受けた調査。1941年末から翌年3月にかけ、高等教育機関32校、師範、女子師範6校、青年学校男女21校、中学校2校、高等女学校1校に調査表を配布、4,071枚を回収して集計。前日読んだ図書、雑誌、新聞を問う。また、読書、スポーツ、勤労奉仕、映画についてのより詳しい調査を1941年11月から12月、19校に対して行い、2,048枚の調査票を回収している。ここでは雑誌、及び単行本について分類、集計された部分を採録した。

67 　日本出版文化協会児童課「勤労青年は何を読むか」（表→ p.116）

　　日本読書新聞「勤労青年は何を読むか　東京大阪の二大都市では」（『日本読書新聞』1942年11月23日）をもとに作成。日本出版文化協会による青年を対象とした1941年の予備調査「勤労青少年の読書状況」（▶資料63）の後、翌年4月から行われた本調査で、東京の青年学校3校（男301人、女46人）、大阪の青年学校3校（男497人、女192人）を対象としている。東京では好きな作家や愛読雑誌が、大阪では最近一か月に読んだ図書、雑誌、「為になつた作品」などが問われている。

68 　東京府内政部社会教育課『少国民生活調査報告』（表→ p.117）

　　東京府内政部社会教育課『社会教育資料（昭和18年3月）　少国民生活調査報告』（復刻版、上笙一郎編、久山社、1997年9月）をもとに作成。東京府内政部社会教育課が行った調査で、国民学校の訓導木下弘、飯塚英男ら11人の調査員がとりまとめた。1942年4月から9月にかけての調査。国民学校4年以上

から高等科 2 年までの児童各学年男女 50 人ずつを対象に東京市内下町、山手、府下農村の 3 地域で調査表を配布、集計したもの。

69　川越淳二『早稲田大学読書傾向調査報告書』（表→ p.118）

　　川越淳二『早稲田大学読書傾向調査報告書』（『戦時期早稲田大学学生読書報告書』不二出版、2021 年 12 月）をもとに作成。総在籍者は 12,967 人で 1942 年 12 月 7 日、図書館学生入り口で調査票約 1,800 枚を配布し、回収した 901 枚をとりまとめたもの。単行本については「座右に置き」たい愛読書と、今まで読んで「特に感銘を受けた書物」のほか、新聞、雑誌、関心のある作家などを問うている。ここでは単行本についての回答を掲載した。元資料は分野ごとに詳細に示されているが、ここでは総数の多い順にまとめた。

70　都市学会「東京密集地区の読書調査」（表→ p.118）

　　「東京密集地区の読書調査」（『日本読書新聞』1942 年 2 月 23 日）をもとに作成。東京帝国大学の研究者で結成、調査を行っていた都市学会が、1940 年から 1942 年にかけて東京市の密集住宅地区を対象に行った調査で、このうち新聞、雑誌に関する調査がまとまったことを同紙が報じたもの。対象となった地域は 1,061 戸、人口 4,321 人。具体的な調査時期や方法についての言及はない。ここでは雑誌、書籍の調査表を掲載した。

71　一校自治寮「愛読書調査」（表→ p.119）

　　一校自治寮立寮百年委員会編『第一高等学校自治寮六十年史』（一校同窓会、1994 年 4 月）をもとに作成。1935 年 12 月、及び 1943 年 2 月の『向寮時報』に掲載された調査結果として同書に収録されている。前者の調査対象者は「約三百名」、後者は文、理の 1、2 年生とあるが人数ははっきりしない。

72　第五高等学校報国団「生徒生活調査報告」（表→ p.120）

　　第五高等学校報国団「第三回生徒生活調査報告」（『龍南』第 253 号、1943 年 7 月）、同第四回（『龍南』第 254 号、1944 年 6 月）をもとに作成。第 3 回の生活調査は 932 人分の調査票を回収、まとめたもので 1943 年 5 月の調査。購読雑誌、愛読する筆者、新聞、愛読欄、感銘を受けた図書などを問う。第 4 回調査は 1944 年の 4 月に行われたもので、779 人分の調査票をもとにしている。

1　東京高等師範学校附属小学校　「児童家庭状況取調」

	第一部 (男)	第二部 (男)	第二部 (女)	第三部 (男)	第三部 (女)	合計
回答者数	241	123	82	80	63	589

読んでいる新聞

タイトル	第一部 (男)	第二部 (男)	第二部 (女)	第三部 (男)	第三部 (女)	合計
時事新報	18	4	0	0	0	22
報知新聞	5	0	2	1	1	9
東京朝日新聞	4	2	0	1	1	8
万朝報	1	0	3	2	1	7
東京日日新聞	5	0	0	1	0	6
読売新聞	1	2	0	1	1	5
二六新報	0	1	0	3	1	5
国民新聞	3	0	0	0	0	3
児童新聞	3	0	0	0	0	3
中央新聞	1	1	0	0	0	2
大阪毎日新聞	0	0	0	1	1	2

読んでいる雑誌

タイトル	第一部 (男)	第二部 (男)	第二部 (女)	第三部 (男)	第三部 (女)	合計
少年世界	33	8	8	6	2	57
お伽噺	26	0	2	1	2	31
少女界	0	0	24	0	1	25
日露戦争実記	13	6	0	2	0	21
少年	13	0	0	0	0	0
軍事画報	9	0	0	0	0	9
少年界	4	2	0	2	0	8
戦時画報	0	7	0	0	0	7
幼年世界	2	0	0	2	0	4
幼年雑誌	3	0	0	0	0	3
その他雑誌	1	2	3	5	1	12

2　中村秋人『児童教育　涙と鞭』

尋常小学校4年以下（男女570人）

タイトル	人数
少年世界	118
世界お伽噺	101
幼年画報	90
日本少年	84
少年	74
東京パック	55
その他	99

5年以上高等科（男女340人）

タイトル	人数
世界お伽噺	262
少年世界	230
少年	212
少女世界	198
少年界	190
日本少年	178
日本お伽噺	144
婦人画報	99
少女の友	97
幼年画報	90
日本の少女	77
考物豆博士	43
女子文壇	10
ホトトギス	3
源平盛衰記	3
文章規範	1
その他	237

3　松崎天民『社会観察万年筆』

甲高等女学校

読んでいる新聞

タイトル	人数
東京朝日新聞	70
報知新聞	54
万朝報	50
国民新聞	28
時事新報	28
東京日日新聞	14
読売新聞	12
二六新報	12
やまと新聞	9
中央新聞	9
都新聞	6
その他4紙	21

読んでいる雑誌

タイトル	人数
少女世界	89
少女の友	72
女学世界	55
婦人世界	43
婦人画報	21
少女界	16
婦女界	11
日本少年	11
女子文壇	10
少年	10
冒険世界	8
その他22誌	53

乙高等女学校

読んでいる新聞

タイトル	人数
報知新聞	30
東京朝日新聞	25
万朝報	20
国民新聞	16
都新聞	7
やまと新聞	7
時事新報	6
二六新報	6
東京日日新聞	6
中央新聞	5
読売新聞	4
その他9紙	13

読んでいる雑誌

タイトル	人数
女学世界	49
婦人世界	42
少女の友	38
少女世界	22
女子文壇	13
実業之日本	9
冒険世界	8
婦女界	8
婦人画報	8
少女界	7
日本少年	5
その他17誌	29

4　岡山県師範学校附属小学校「児童読物調査」

読んでいる雑誌

タイトル	人数	タイトル	人数	タイトル	人数
日本少年	57	幼年画報	12	コドモ	4
少女の友	38	幼年世界	9	学生	3
幼年の友	22	少女画報	9	飛行少年	3
少年世界	19	小学生	7	少女画報	2
少女世界	14	少女	5	良友	2
子供之友	12	少年	5	友達	2

5　警視庁工場課「職工事情調査」

製糸工場（2,515人中）

読んでいる新聞

タイトル	人数
国民新聞	56
東京日日新聞	9
報知新聞	9
東京朝日新聞	8
中央新聞	6
時事新報	5
中外商業新報	2
東京毎夕新聞	1
山梨毎日新聞	1

読んでいる雑誌

タイトル	人数
婦人世界	101
婦女界	66
少女の友	40
少女世界	17
婦人之友	7
少女界	7
女学世界	5
婦人画報	5
淑女画報	5
少女画報	5
演芸倶楽部	4
新小説	2
講談雑誌	6
その他5誌	5

印刷製本業女工（1,054人中）

読んでいる新聞

タイトル	人数
東京毎夕新聞	77
都新聞	63
東京日日新聞	56
万朝報	53
やまと新聞	52
国民新聞	36
東京朝日新聞	34
大阪毎日新聞	25
中央新聞	22
報知新聞	22
二六新報	21
読売新聞	15
時事新報	6
東京夕刊新聞	3

読んでいる雑誌

タイトル	人数
講談雑誌	27
婦人世界	21
女学世界	17
講談倶楽部	16
小説	13
婦人之友	10
家庭雑誌	9
婦女界	7
演芸	6
少女世界	5
文芸	5
新家庭	4
活動雑誌	4
少女の友	3
婦人界	2
婦女世界	2
うきよ	2
婦人画報	2
その他17誌	17

6 権田保之助「月島とその労働者生活」

読んでいる新聞

タイトル	月島	神田	月島 (労働者)
東京朝日新聞	18	25	5
東京日日新聞	178	38	78
時事新報	68	49	23
国民新聞	39	21	24
万朝報	173	33	106
やまと新聞	125	62	53
中央新聞	39	16	19
報知新聞	72	36	24
読売新聞	41	18	22
都新聞	39	74	20
二六新報	32	35	23
大阪毎日新聞	146	16	67
東京毎夕新聞	146	75	89
東京夕刊新聞	58	3	39
中外商業新報	0	8	0
その他	5	3	2
不詳	62	12	36
計	1,241	524	630

	月島	神田	月島 (労働者)
購読(人)	953	373	523
購読無	213	61	131
不詳	7	1	5
計	1,173	435	659

	月島	神田	月島 (労働者)
購読(%)	81.2	85.8	79.4
購読無	18.2	14	19.9
不詳	0.6	0.2	0.7
計	100.0	100.0	100.0

7 遠藤早泉『現今少年読物の研究と批判』

読んでいる雑誌

農村

タイトル	人数
日本少年	13
少年世界	13
少女の友	11
少女世界	8
少女	7
少年世界	4
学之友	4
小学男生	3
樫の実	3
小学女生	2
小学少女	2
児童の綴方	2
その他16種	16

都市　男子

タイトル	尋4	尋5	尋6	計
少年世界	39	26	48	113
日本少年	32	23	44	99
少年倶楽部	13	12	19	44
譚海	15	11	9	35
世界少年	5	9	17	31
金の船	23	5	2	30
飛行少年	10	4	4	18
童話	15	1	1	17
幼年世界	10	1	4	15
小学少年	12	1	1	14
小学男生	10	1	1	12
赤い鳥	6	1	3	10

その他、男女で66種、1,031人

都市　女子

タイトル	尋4	尋5	尋6	計
譚海	39	63	17	119
少女世界	84	0	31	115
少女の友	35	0	31	66
少女画報	0	8	39	47
小学少女	19	13	9	41
少女号	17	0	15	32
少女	7	6	13	26
幼女の友	12	11	0	23
小学女生	15	6	1	22
赤い鳥	11	6	2	19
少年世界	8	2	1	11
おとぎの世界	2	4	2	8

8 森文三郎「長崎高等商業学校生徒調査」

雑誌の購読、借覧（1921）

タイトル	購読(人)	借覧	合計
中央公論	157	77	234
改造	84	54	138
国民経済雑誌	61	28	89
経済論叢	45	22	67
解放	43	28	71
社会政策時報	26	7	33
実業之日本	22	23	45
社会問題研究	17	3	20
現代	17	6	23
太陽	13	26	39
英語青年	9	0	9
婦人公論	9	21	30
文章倶楽部	9	5	14
その他67誌	126	116	142

新聞の購読、借覧

タイトル	購読(人)	借覧	合計
大阪毎日新聞	192	118	310
大阪朝日新聞	150	81	231
長崎日日新聞	18	93	111
長崎新聞	11	65	76
東京朝日新聞	8	31	39
読売新聞	8	15	23
万朝報	5	54	59
福岡日日新聞	4	58	62
国民新聞	4	42	46
東京日日新聞	3	3	6
ジャパンクロニクル	3	2	5
時事新報	3	36	39
東洋日の出新聞	2	18	20
その他27誌	14	45	59

9　葺合教育会児童愛護会『児童読物之研究』

読んだ、または読んでいる豆本

尋常科

タイトル	人数
猿飛佐助	196
チャップリン	97
水戸黄門	78
継母	72
雲隠才蔵	68
真田幸村	66
デブ君	52
継子いぢめ	50
宮本武蔵	44
石童丸	43
荒木又右衛門	39
母と子	34
みなし子	32

高等科

タイトル	人数
猿飛佐助	121
水戸黄門	79
後藤又兵衛	67
塙団右衛門	43
真田幸村	42
荒川源蔵	40
三好清海入道	37
雲隠才蔵	34
猿飛小天狗	33
塚原卜伝	33
宮本武蔵	32
一休和尚	32
真田大助	30

尋常科837種、高等科454種、総計6,752人

読んでいる雑誌

尋常科

タイトル	人数
譚海	1,125
少女世界	1,099
少年世界	1,011
日本少年	628
少女の友	599
少年倶楽部	527
赤い鳥	327
幼年世界	278
飛行少年	237
世界少年	235
少女	223
少年	190
小学世界	175
海国少年	155
小学少女	143
少女号	142
幼女の友	108
五六年の小学生	106

高等科

タイトル	人数
譚海	209
少年倶楽部	194
少女世界	143
日本少年	126

尋常科83種、高等科59種、総計20,740人

読んだ、または読んでいる図書

尋常科

タイトル	人数
お伽噺	121
イソップ物語	87
お伽集	76
面白いお伽	73
お伽	72
太郎さんのお伽	69
金の鈴	58
水戸黄門	53
お伽の先生	52
世界お伽	49
宮本武蔵	46

高等科

タイトル	人数
アラビアンナイト	34
肉弾	22
お伽の木	22
お伽十八番	20
お伽十八番	20

尋常科758種、高等科366種、総計4,400人

10　長野県師範学校「生徒購読雑誌調査回答」

購読雑誌（1922年）

タイトル	人数
中央公論	28
中学世界	26
改造	17
科学の智識	16
文章倶楽部	15
思想	13
創作	12
受験と学生	10
婦人公論	10
理学界	9
赤い鳥	9
新小説	8
早稲田文学	7
新潮	7
現代	6
主婦之友	5
中等英語	5
解放	4
太陽	4
野球界	4
英学生之友	4
初等英語	4
受験界	3
生長する星の群	3
金の星	3
金の船	3
みづゑ	3
新国民	3
その他20誌	34

愛読雑誌（1925年）

タイトル	人数
科学知識	13
科学画報	11
理学界	9
国語と国文学	8
体育と競技	6
無線と実験	3
地理教育	3
史学雑誌	3
受験と学生	2
その他14誌	14

＊学科と直接関係ないもの

タイトル	人数
文章倶楽部	15
改造	13
中央公論	10
キング	10
現代	10
アララギ	8
思想	6
中学世界	6
太陽	5
我観	5
講談倶楽部	4
宗教と思想	3
文芸春秋	3
日本詩人	3
その他15誌	19

11　東京市社会局『職業婦人に関する調査』

職業婦人

購読雑誌

タイトル	人数
婦人公論	196
婦女界	181
主婦之友	144
婦人世界	86
女学世界	49
婦人倶楽部	32
女性	32
中央公論	27
希望	23
早稲田大学高女講義録	23
婦人之友	20
少女画報	16
女性改造	15
その他	280

新聞

タイトル	人数
東京日日新聞	151
読売新聞	137
東京朝日新聞	134
時事新報	105
万朝報	104
国民新聞	84
報知新聞	79
東京毎夕新聞	61
都新聞	51
やまと新聞	45
大阪毎日新聞	18
中央新聞	16
二六新報	12
その他	27

書籍

タイトル	人数
出家とその弟子	28
父の心配	17
死線を越へて	16
人間親鸞	10
歌はぬ人	8
愛と認識との出発	7
静思	5
親鸞	5
破船	5
老子	5
布施太子の入山	5
愛すればこそ	5
日日の修養	5
その他	403

女工

購読雑誌

タイトル	人数
婦人世界	201
主婦之友	96
婦女界	90
少女世界	43
少女の友	37
家庭雑誌	27
女学世界	24
婦人之友	13
婦人公論	10
その他	181

新聞

タイトル	人数
やまと新聞	174
東京毎夕新聞	123
都新聞	100
東京日日新聞	78
大阪毎日新聞	66
万朝報	54
国民新聞	53
東京朝日新聞	53
二六新報	42
報知新聞	31
読売新聞	30
その他	105

12　東京市社会局庶務課『小学児童思想及読書傾向調査』

雑誌への関心
男女、地域別

	読む(人)	読まない
男	10,344	2,039
女	10,618	1,600
山の手	10,493	1,939
下町	10,469	1,700

一番読む雑誌

男

タイトル	閲読数(人)	割合(%)
少年倶楽部	3,139	35.0
日本少年	1,497	16.7
少年世界	717	8.0
譚海	635	7.1
キング	523	5.8
子供の科学	350	3.9
少年王	314	3.5
四年生	240	2.7
五年生	213	2.4
少年	171	1.9
小学少年	144	1.6
飛行少年	144	1.6
武侠少年	130	1.4
良友	120	1.3
六年生	112	1.2
講談雑誌	111	1.2
五六年の小学生	110	1.2
少年少女	104	1.2
金の星	99	1.1
赤い鳥	96	1.1
計	8,969	100.0

女

タイトル	閲読数(人)	割合(%)
少女世界	2,281	22.9
少女の友	1,840	18.5
少女倶楽部	1,627	16.4
少女号	751	7.6
キング	330	3.3
小学少女	267	2.7
少女画報	257	2.6
譚海	248	2.5
幼年幼女	226	2.3
少女	223	2.2
赤い鳥	222	2.2
少女物語	187	1.9
少年少女	181	1.8
少女の花	179	1.8
金の星	147	1.5
幼年の友	140	1.4
四年生	126	1.3
金の船	112	1.1
良友	102	1.0
五年生	99	1.0
計	9,945	100.0

13　東京帝国大学学友会共済部『東京帝国大学学生生計調査』

分類	法	文	経	工	理	医	農	計
法律	12	1	0	2	1	0	1	17
政治	17	1	0	1	0	0	3	22
経済	23	0	9	4	0	0	1	37
社会	33	1	16	3	2	2	3	60
思想	27	24	3	16	1	2	6	79
宗教	27	27	12	25	12	21	7	131
哲学	51	24	13	17	11	16	6	138
倫理	14	3	2	4	3	2	0	28
文学	103	56	38	18	16	29	20	280
教育	1	1	0	1	0	2	0	5
随筆	15	13	11	4	9	3	6	61
小説	149	76	125	132	27	54	54	617
劇、戯曲	51	13	27	22	17	8	9	147
詩歌、俳句	40	30	24	21	2	18	14	149
地理	1	0	0	0	0	1	0	2
歴史	36	3	6	9	1	2	5	62
語学	15	0	0	4	0	2	4	25
美術	2	6	2	11	2	1	0	24
紀行	5	5	1	1	8	1	2	23
伝記	11	3	5	3	5	2	4	33
新聞雑誌	47	13	21	33	6	11	28	159
理学	6	0	1	0	5	1	0	13
工学	2	0	0	9	0	0	0	11
医学	1	0	0	0	0	5	0	6
数学	1	0	0	0	0	0	0	1
科学	7	3	8	27	13	16	10	84
園芸	0	0	0	0	0	0	2	2
体育	6	0	1	5	2	0	1	15
音楽	0	0	0	8	2	2	3	15
娯楽	18	3	10	9	0	6	2	48
その他	20	3	4	6	1	4	3	41
計	741	309	339	395	146	211	194	2,335

14　熊谷辰治郎「青年団員が如何なる書籍を読むか」

多く読まれている書籍（2団体以上）

修養書

タイトル	著者	団数
国民小訓	徳富蘇峰	34
青年と修養	増田義一	23
大正の青年と帝国の前途	徳富蘇峰	14
心の力	小林一郎	10
歓喜	後藤静香	8
青年叢書	後藤静香	7
日日の修養	山田愛剣	7
立身の基礎	増田義一	7
青年修養訓話	不詳	6
懺悔の生活	西田天香	6
農村生活の針路	不詳	5
一日一善	山本瀧之助	4
修養	新渡戸稲造	4
人格の糧	深作安文	4
大正青年訓	大町桂月	4
青年訓	不詳	4
処世小訓	徳富蘇峰	4
力の泉	後藤静香	3
白熱	後藤静香	3
人格と修養	井上哲次郎	3
教育叢書	不詳	3
青年処世訓	不詳	3
桃源	不詳	3
その他24種		48

文学書

タイトル	著者	団数
肉弾	桜井忠温	30
死線を越えて	賀川豊彦	9
銃後	桜井忠温	8
自然と人生	徳富蘆花	6
時代相	村上浪六	6
此一戦	水野広徳	5
出家とその弟子	倉田百三	4
吾輩は猫である	夏目漱石	4
漱石全集	夏目漱石	3
島崎藤村詩集	島崎藤村	3
みみずのたはごと	徳富蘆花	3
ロビンソンクルーソー	デフォー	3
二人行脚	日下部四郎太	2
紅葉全集	尾崎紅葉	2
源氏物語	紫式部	2
小鳥の来る日	吉田絃二郎	2
巌窟王	デュマ	2
思出の記	徳富蘆花	2

15　京都市小学校教員会研究部『児童読物の研究』

読んでいる雑誌

タイトル	男	女	合計
幼年倶楽部	638	487	1,125
少年倶楽部	748	29	777
少女の友	1	435	436
少女倶楽部	6	406	412
少女世界	21	315	336
日本少年	314	5	319
譚海	210	74	284
少年世界	263	18	281
キング	155	51	206
小学二年生	108	97	205
小学一年生	60	91	151
小学三年生	80	63	143
小学四年生	40	80	120
幼年の友	62	57	119
赤い鳥	23	85	108
少女画報	0	96	96
子供アサヒ	42	51	93
少令女	1	89	90
子供の科学	82	4	86
伸びて行く	29	42	71
少女号	0	71	71
コドモノクニ	16	50	66
小学五年生	24	30	54
金の星	17	24	41
小学少女	0	39	39
幼女の友	1	37	38
幼年幼女	0	36	36
二年生	22	9	31
小学二年女生	21	8	29
男子の友	29	0	29
良友	14	12	26
一年生	20	5	25
科学画報	13	10	23
一年の小学生	12	10	22
その他20誌	120	108	228

男女上位雑誌

タイトル	男
少年倶楽部	748
幼年倶楽部	638
日本少年	314
少年世界	263
譚海	210
キング	155
小学二年生	108
子供の科学	82
小学三年生	80
幼年の友	62
小学一年生	60
子供アサヒ	42
小学四年生	40
伸びて行く	29
男子の友	29
赤い鳥	23

タイトル	女
幼年倶楽部	487
少女の友	435
少女倶楽部	406
少女世界	315
小学二年生	97
少女画報	96
小学一年生	91
少令女	89
赤い鳥	85
小学四年生	80
譚海	74
少女号	71
小学三年生	63
幼年の友	57
キング	51
コドモノクニ	50

雑誌への関心

	生徒数	雑誌を読む	読まない
男	4,576	2,206	2,370
女	3,767	1,836	1,931

16　森文三郎「大分高等商業学校生徒調査」

購読、借覧雑誌

タイトル	購読	借覧	計
改造	231	52	283
経済往来	121	9	130
キング	48	40	88
中央公論	42	40	82
文芸春秋	63	17	80
エコノミスト	45	10	55
実業之日本	30	11	41
太陽	9	18	27
婦女界	6	11	17
現代	7	8	15
経済論叢	5	10	15
女性	8	7	15
銀行研究	8	6	14
英語研究	14	0	14
苦楽	6	7	13
雄弁	8	4	12
企業と社会	9	2	11
英語青年	9	2	11
計	5	5	10

購読、借覧新聞

タイトル	購読	借覧	計
大阪朝日新聞	169	169	338
大阪毎日新聞	91	150	241
大分新聞	20	115	135
豊州新報	19	83	102
福岡日日新聞	7	83	90
大分日日新聞	4	28	32
大分民友新聞	1	20	21
英文毎日	15	1	16

図書費

	1年	2年	3年	計
無	9	6	3	18
1円未満	4	2	1	7
1円以上	15	13	9	37
2円〃	25	22	6	53
3円〃	30	22	10	62
4円〃	24	19	22	65
5円〃	22	22	19	63
6円〃	6	9	16	31
7円〃	12	10	13	35
8円〃	2	10	19	31
9円〃	1	4	8	13
10円〃	3	4	6	13
11円〃	1	0	4	5
12円〃	0	1	6	7
13円〃	0	2	1	3
14円〃	0	1	2	3
15円〃	1	1	1	3

17　中央職業紹介事務局『紡績労働婦人調査　職業別労働事情　五』

好きな本

タイトル	人数
キング	233
泉の花	199
少女倶楽部	197
雑誌	171
まどゐ	122
小説	109
少女の友	104
修養の為の本	103
女の力	64
婦女界	54
希望	53
主婦之友	49
婦人世界	44
学校の教科書	28
講義録	27
伽噺の本	26
少女世界	24
婦人倶楽部	22
悲しい本	22
向上の婦人	22
国史物語	17
面白い小説	15
同朋愛	12
講談倶楽部	10
歴史小説	10
白百合	10
その他26種	89
無記入	1,164
計	3,000

18　熊谷辰治郎「地方青年の読物調査」

有益、面白かった図書

著者	タイトル	人数
桜井忠温	肉弾	11
徳富蘇峰	国民小訓	10
徳富蘇峰	昭和一新論	6
賀川豊彦	死線を越えて	6
尾崎紅葉	金色夜叉	6
夏目漱石	吾輩は猫である	6
椎名龍徳	生きる悲哀	5
夏目漱石	坊っちゃん	5
後藤新平	政治の倫理化	5
頼山陽	日本外史	4
徳富蘆花	みみずのたはごと	3
小林一郎	心の力	3
桜井忠温	銃後	3
不詳	赤穂義士伝	3
新渡戸稲造	修養	2
太田正孝	経済読本	2
井上哲次郎	人格と修養	2
中村正直	西国立志編	2
徳富蘆花	思出の記	2
徳富蘆花	自然と人生	2
倉田百三	出家とその弟子	2
猪狩史山	老子	2
江原小弥太	我が人生観	2
ユーゴー	レミゼラブル	2
増田義一	青年と修養	2
高橋北堂	農村青年の自覚	2
賀川豊彦	太陽を射るもの	2

その他78種、各１人

19　多田野一「工場労働者の読書傾向」

予約全集

タイトル	人数
現代日本文学	18
大衆文学	11
現代長編	7
世界文学	7
明治大正文学	5
世界美術	3
近代劇	3
世界戯曲	3
日本戯曲	3
世界思想	2
資本論	2
その他	5
計	69

内、1人1種以上5人

購読雑誌

タイトル	人数
キング	12
富士	6
映画時代	3
改造	3
苦楽	2
雄弁	2
文芸倶楽部	2
講談雑誌	2
映光	2
講談倶楽部	2
女性	2
主婦之友	2
その他	17
計	60

新聞

タイトル	人数
東京日日新聞	23
東京朝日新聞	19
東京毎夕新聞	12
報知新聞	12
時事新報	8
都新聞	8
大阪毎日新聞	6
読売新聞	6
国民新聞	5
万朝報	4
二六新報	2
その他	3
計	107

内、1人1種以上7人

20　神戸市社会課『マツチ工業従事女工ノ生活状態調査』

購読新聞

タイトル	マッチ工場	軸木工場	小箱張内職
大阪毎日新聞	189	34	33
大阪朝日新聞	162	67	43
神戸新聞	467	137	85
神戸又新日報	299	117	54
時事新報	1	0	1
門司新報	0	0	2
無	1,497	349	309
計	2,615	704	527

購読雑誌

マッチ工場

タイトル	人数
キング	125
婦女界	38
主婦之友	32
婦人倶楽部	14
少女倶楽部	14
婦人世界	10
小説	10
文学全集	8
講談	8
映画本	7
富士	5
講談倶楽部	4
令女界	3
少女の友	3
少年倶楽部	2
その他11種	11
無	2,321
計	2,615

軸木工場

タイトル	人数
キング	37
小説	10
主婦之友	6
講談	6
婦人世界	5
婦女界	5
少女倶楽部	4
講談倶楽部	3
少女の友	1
家庭経済	1
無	626
計	704

小箱張内職

タイトル	人数
キング	7
婦女界	7
主婦之友	5
文学全集	5
借本	3
講談雑誌	2
婦人世界	1
少年倶楽部	1
創作物	1
キネマ	1
サンデー毎日	1
無	493
計	527

21　社会局監督課「職工の希望等の調査（宮崎県）」

主な購読書

製糸女工（4,543人中）

タイトル	人数
泉の花	1,086
キング	507
女の力	376
御国の光	228
少女の友	172
少女倶楽部	156
主婦之友	147
婦女界	141

以下略

購読する者	3,526
購読しない者	1,017
計	4,543

人造肥料製造職工（142人中）

タイトル	人数
キング	23
物理科学	10
希望	8
労力新聞	7
実業之日本	6
のぞみ	4
社会思想	4
社会主義	3
新青年	2
現代	2
文芸春秋	2
マルクスの資本論	2
共産主義	2

以下略

購読する者	75
購読しない者	67
計	142

22 大日本連合青年団調査部『全国青年団基本調査 昭和五年度』

よく読まれている図書

タイトル	団数
修養全集	1,882
現代日本文学全集	1,037
講談全集	803
大衆文学全集	358
英雄待望論	276
世界大衆文学全集	261
修養書	253
肉弾	201
体験を語る	187
明治大正文学全集	182
権威	163
偉人伝	149
青年と修養	145
ムッソリーニ伝	139
農業書	136
青年読本	126
母	110
朝日常識講座	81
文学書	81
青年訓練教本	75
明治大帝	75
国民小訓	69
公民読本	59
立志伝	57
伝記物	54
講談	53
文芸書	53
実業読本	52
将軍乃木	50
漱石全集	48
小説	42
その他	18,361
計	25,618

読まれている雑誌
文芸に関するもの

タイトル	団数
キング	7,822
富士	1,914
朝日	947
講談倶楽部	908
新青年	874
文芸春秋	401
少年倶楽部	136
講談雑誌	40
その他	1,462
計	14,504

上位雑誌

タイトル	団数
キング	7,822
雄弁	3,581
青年	3,162
希望	2,169
農業世界	2,152
現代	1,947
富士	1,914
中央公論	1,387
改造	1,202
団報	1,094

修養に関するもの

タイトル	団数
雄弁	3,581
希望	2,169
大道	977
向上	737
のぞみ	424
使命	350
訓練	339
戦友	334
愛と汗	274
泉の花	222
愛国青年	206
中堅	166
我が家	157
日本青年	152
尊農	94
黎明	71
大成	70
農村青年	54
独立青年	52
その他	2,490
計	12,919

23　東京府学務部社会課『求職婦人の環境調査』

読んでいる雑誌

タイトル	単読	併読	計
婦人倶楽部	939	321	1,260
少女倶楽部	884	216	1,100
キング	485	308	793
主婦之友	587	160	747
婦人公論	326	228	554
婦女界	273	132	405
少女の友	161	88	249
令女界	113	63	176
婦人世界	130	27	157
富士	36	43	79
少女世界	57	12	69
少女画報	27	15	42
その他57誌	132	131	263

読まない、不明等　840人

24　東京府立第五高等女学校「女学生の読物調べ」

読んだ本（文芸）

タイトル	人数
坊っちゃん	46
級の光り	31
草枕	26
吾輩は猫である	23
小公子	23
まりの行方	21
自然と人生	18
三つの花	14
家なき子（菊池幽芳）	13
虞美人草	13
源平盛衰記（菊池寛）	12
たけくらべ	10
こころ	10
全502種	

読んでいる雑誌

タイトル	人数	タイトル	人数
少女倶楽部	398	講談倶楽部	36
少女の友	259	富士	32
キング	189	新青年	28
少年倶楽部	164	改造	27
婦人倶楽部	130	科学画報	24
主婦之友	124	中央公論	23
幼年倶楽部	104	婦人世界	18
少女画報	98	野球界	17
少女世界	86	朝日	16
婦人公論	86	スポーツ	11
令女界	80	婦人之友	10
婦女界	55	婦人サロン	9
文芸春秋	40	全150余種	
子供の科学	39		

25　東京府立第三高等女学校「女学生の読む雑誌」

タイトル	1年(人)	2年	3年	4年	5年	高1年	高2年	計
少女倶楽部	143	117	117	104	36	4	3	524
少女の友	71	69	24	45	3	0	0	212
少女画報	45	41	11	48	12	0	0	157
少年倶楽部	29	29	25	46	10	5	4	148
令女界	0	4	3	55	49	10	5	126
少女世界	39	25	19	23	2	0	0	108
キング	19	21	10	35	19	4	0	108
婦人倶楽部	0	4	0	47	32	5	4	92
幼年倶楽部	42	23	15	4	4	0	0	88
新青年	0	2	3	30	27	10	8	80
子供の科学	26	10	10	14	10	0	0	70
婦人公論	0	0	0	27	16	11	10	64
婦女界	0	0	0	27	24	3	7	61
主婦之友	0	3	5	21	14	6	7	56
若草	0	0	0	17	33	0	0	50
野球界	0	8	5	6	2	12	5	38
文芸春秋	0	0	2	9	16	9	0	36
女人芸術	0	0	0	0	28	0	0	28
面白い理科	13	8	0	0	0	0	0	21
文学時代	0	0	0	0	15	5	0	20
改造	0	0	0	0	13	2	4	19
コドモノクニ	0	0	7	4	5	3	0	19
映画と演芸	0	0	0	0	9	0	9	18
富士	7	0	0	0	2	9	0	18
婦人画報	0	0	2	5	11	0	0	18
明るい家	0	0	0	0	17	0	0	17
譚海	16	0	0	0	0	0	0	16
婦人サロン	0	0	0	2	13	0	0	15
日本少年	13	0	0	2	0	0	0	15
婦人世界	0	0	0	15	0	0	0	15
その他9誌	15	3	2	15	23	0	10	68

26　京都帝国大学学生課『京都帝国大学学生生計調査報告』

愛読雑誌

タイトル	法	医	工	文	理	経	農	計
改造	205	33	22	30	9	76	14	389
中央公論	175	30	24	38	10	60	22	359
経済老来	45	1	1	0	0	37	7	91
文芸春秋	13	13	10	11	3	2	2	54
キング	8	5	4	2	1	1	3	24
科学	0	5	2	0	12	0	2	21
エコノミスト	5	0	0	0	0	15	0	20
思想	1	0	1	14	0	1	0	17
婦人公論	5	1	5	2	0	3	1	17
週刊朝日	3	2	6	0	1	1	0	13
科学知識	0	0	6	0	3	0	4	13
新青年	2	1	2	2	2	1	2	12
無線と実験	0	1	8	0	1	0	0	10
科学画報	0	3	2	0	2	1	1	9
哲学研究	1	0	0	8	0	0	0	9
その他	18	15	36	39	18	8	16	150
不詳	442	237	271	248	119	157	135	1,609
計	923	347	400	394	181	363	209	2,817

新聞

タイトル	法	医	工	文	理	経	農	計
大阪朝日新聞	518	181	214	141	80	214	104	1,452
大阪毎日新聞	193	54	73	71	40	51	37	519
読売新聞	42	23	15	52	8	17	9	166
東京朝日新聞	12	4	0	4	0	4	3	27
英文毎日新聞	2	0	2	1	1	2	2	10
京都日出新聞	1	0	0	1	2	1	2	7
東京日日新聞	2	1	0	1	0	1	1	6
京都日日新聞	0	0	1	1	0	0	2	4
ロンドンタイムス	0	0	3	1	0	0	0	4
中外商業新報	0	0	0	0	0	2	0	2
報知新聞	0	0	1	0	0	1	0	2
不詳	153	84	91	121	50	70	49	618
計	923	347	400	394	181	363	209	2,817

27　大阪府学務部社会課『在阪朝鮮人の生活状態』

常に読む新聞

タイトル	世帯数	割合(%)	タイトル	世帯数	割合(%)
大阪朝日新聞	425	3.59	内鮮日報	1	0.01
大阪毎日新聞	424	3.57	関西夕刊新聞	1	0.01
大阪時事新聞	14	0.12	天理時報	1	0.01
東亜日報	14	0.12	中外日報	1	0.01
大阪毎日、大阪朝日新聞	13	0.11	大阪毎日新聞、東亜日報	1	0.01
夕刊大阪新聞	9	0.08	大阪毎日新聞、キング	1	0.01
キング	8	0.07	法学論集	1	0.01
朝鮮日報	3	0.03	文芸春秋	1	0.01
中央新聞	2	0.02	中央公論	1	0.01
関西中央新聞	2	0.02	大阪毎日新聞、中央公論	1	0.01
大阪日日新聞	2	0.02	建築雑誌	1	0.01
主婦之友	2	0.02	法律雑誌	1	0.01
大毎、大朝、英文毎日、改造	1	0.01	京城朝日新聞	1	0.01
大阪朝日新聞、東亜日報	1	0.01	無	10,902	92.12
			計	11,835	100.00

28　東京帝国大学文学部新聞研究室「小学児童及び保護者に対する新聞閲読調査」

神奈川県立師範学校附属小学校

新聞への関心（児童）

	男（人）	割合(%)	女	割合	男女	割合
読む	88	61.97	46	42.59	134	53.60
読まない	54	38.02	62	57.40	116	46.40
計	142	100.00	108	100.00	250	100.00

読んでいる新聞

タイトル	男（人）	割合(%)	女	割合	男女	割合
東京朝日新聞	34	38.63	17	36.95	51	38.05
東京日日新聞	18	20.45	14	30.43	32	23.88
報知新聞	15	17.04	1	2.17	16	11.94
時事新報	7	7.95	5	10.86	12	8.95
読売新聞	12	13.63	7	15.21	19	14.17
中外商業新報	0	0.00	1	2.17	1	0.74
国民新聞	0	0.00	1	2.17	1	0.74
都新聞	2	2.27	0	0.00	2	1.49
計	88	100.00	46	100.00	134	100.00

第一寺島尋常小学校

新聞への関心（児童）

	男（人）	割合(%)	女	割合	男女	割合
読む	465	61.10	453	59.69	918	59.69
読まない	296	38.90	324	40.31	620	40.31
計	761	100.00	777	100.00	1,538	100.00

読んでいる新聞

タイトル	男（人）	割合(%)	女	割合	男女	割合
東京日日新聞	123	26.45	151	33.33	274	29.84
東京朝日新聞	84	18.06	83	18.32	167	18.19
読売新聞	78	16.77	72	13.89	150	16.33
報知新聞	75	16.72	60	13.24	135	14.70
国民新聞	8	1.72	5	1.10	13	1.41
中外商業新報	12	2.58	5	1.10	17	1.85
時事新報	36	7.74	43	9.49	79	8.60
東京毎夕新聞	27	5.80	16	3.53	43	4.68
大阪毎日新聞	5	1.07	9	1.98	14	1.52
東京夕刊その他	5	1.08	1	0.22	6	0.65
中央新聞	7	1.50	2	0.44	9	0.98
二六新報	1	0.21	1	0.22	2	0.22
都新聞	4	0.86	5	1.10	9	0.98
計	465	100.00	453	100.00	918	100.00

29　東京帝国大学文学部新聞研究室「壮丁閲読調査」

常に読む雑誌（学歴別）

タイトル	尋常小学校	実業補習学校	高等小学校	中等学校	専門学校	大学	不明、不就学	計
キング	1,754	120	1,359	779	95	21	459	4,587
改造	59	7	54	266	130	131	28	675
中央公論	55	11	46	241	101	120	32	606
新青年	109	13	74	157	33	11	31	428
文芸春秋	45	8	46	142	52	38	22	353
富士	132	4	95	57	5	2	37	332
日の出	119	12	87	69	7	2	15	311
現代	50	2	65	82	18	7	19	243
講談倶楽部	80	4	67	25	4	3	15	198
経済往来	7	2	7	41	55	68	4	184
雄弁	32	5	56	59	5	0	14	171
実業之日本	27	2	20	30	14	5	8	106
不定	39	10	47	98	36	36	10	276
種々	43	3	30	19	7	2	6	110
余暇なし	5	1	4	3	0	0	0	13
読まない	397	43	289	404	113	70	107	1,423
無記入	3,212	171	1,575	1,154	270	168	1,361	7,911
計	6,165	418	3,921	3,626	945	684	2,168	17,927

学歴は卒業、就学中、及び中途退学を含む

30　日本図書館協会『図書館における読書傾向調査』

愛読雑誌
男性

タイトル	18歳まで	19-25歳	26歳以上	計
キング	99	264	100	463
中央公論	4	228	164	396
改造	8	178	108	294
文芸春秋	10	102	63	175
日の出	32	81	34	147
経済往来	1	77	50	128
科学画報	10	83	8	101
雄弁	18	60	12	90
富士	25	32	29	86
現代	6	47	22	75
講談倶楽部	15	34	26	75
新青年	7	54	8	69
科学知識	3	34	13	50
実業之友	1	16	21	38
エコノミスト	0	14	12	26
キネマ旬報	8	14	2	24

女性

タイトル	18歳まで	19-25歳	26歳以上	計
婦人公論	5	35	2	42
令女界	25	11	0	36
主婦之友	6	20	2	28
婦人倶楽部	6	12	0	18
改造	0	13	1	14
キング	10	2	1	13
婦人之友	1	10	1	12
少女倶楽部	11	0	0	11
中央公論	0	10	1	11
少女の友	8	0	0	8
文芸春秋	1	6	0	7
若草	2	4	0	6
婦人画報	0	3	0	3

31　八島炳三「児童読物の系統的考察」

読書への関心

	尋1	尋2	尋3	尋4	尋5	尋6	高1	高2	計
読む者	48	70	66	67	54	60	16	4	385
読まない者	30	7	11	9	18	3	13	1	92
計	78	77	77	76	72	63	29	5	477

好む読物種別

種別	尋1	尋2	尋3	尋4	尋5	尋6	高1	高2	計
漫画本	20	37	35	12	6	0	0	0	110
長編読物本	1	7	13	20	19	33	9	2	104
童話本	15	19	8	19	8	7	1	0	77
精神修養本	0	1	3	3	3	9	3	1	23
児童読本	3	6	5	1	6	2	1	0	24
自然科学本	0	0	2	5	6	4	1	1	19
絵本	9	0	0	1	0	0	0	0	10
軍事本	0	0	0	3	3	3	0	0	9
歴史読本	0	0	0	3	2	2	0	0	7
学習に関する本	0	0	0	0	1	0	1	0	2

主要な購読雑誌

タイトル	尋1	尋2	尋3	尋4	尋5	尋6	高1	高2	計
幼年倶楽部	12	30	38	31	10	0	0	0	121
少年倶楽部	1	0	14	25	28	26	8	1	103
小学1-6年生	23	34	15	8	4	2	0	0	86
綴方倶楽部	0	3	3	16	13	17	0	0	52
少女倶楽部	0	1	7	8	15	13	0	0	44
子供のテキスト	2	2	6	1	4	2	0	0	17

32 日本図書館協会『職業婦人読書傾向調査』

愛読する雑誌

	14-17歳	18-24歳	25歳以上	計
回答人数	461	3,867	442	4,770
記入有	421	3,532	386	4,339
記入無	40	335	56	431

タイトル	14-17歳	18-24歳	25歳以上	計
婦人倶楽部	202	1,860	162	2,224
主婦之友	148	1,380	170	1,698
婦人公論	18	974	161	1,153
キング	98	482	44	624
令女界	56	315	5	376
若草	2	108	9	119
婦女界	3	78	21	102
講談倶楽部	25	61	5	91
文芸春秋	1	58	15	74
富士	15	46	6	67
少女倶楽部	51	14	0	65
日の出	8	49	2	59
婦人之友	0	37	9	46
少女の友	25	19	0	44
改造	0	28	6	34
新青年	1	19	5	25
中央公論	0	18	6	24
むらさき	0	20	4	24
日本婦人	0	19	3	22
婦人画報	0	9	4	13
婦人と修養	0	13	0	13
少年倶楽部	9	3	0	12
少女画報	0	5	2	7
新潮	0	7	0	7
現代	0	6	0	6
モダン日本	0	5	1	6
蝋人形	1	4	0	5
セルパン	0	4	0	4
科学画報	0	3	0	3
雄弁	0	1	0	1

33　大阪府学務部社会課『実地調査の結果から見た農村の生活』

購読新聞

タイトル	戸数
大阪朝日新聞	677
大阪毎日新聞	523
大阪時事新聞	55
大阪毎日、大阪朝日新聞	20
夕刊大阪新聞	17
大阪毎日新聞（夕）	3
大阪毎日、大阪日日新聞	2
大阪毎日、夕刊大阪新聞	2
商業新聞	1
点字毎日新聞	1
大阪朝日、大阪時事新報	1
大阪朝日、関西中央新聞	1
大阪朝日、工業新聞	1
大阪朝日、夕刊大阪新聞	1
大阪毎日、交通新聞	1
読売新聞	1
大阪毎日、産育、産業新聞	1
大阪毎日、工業新聞	1
関西中央新聞	1
大阪毎日、大阪朝日、夕刊大阪新聞	1
都新聞	1

購読雑誌

タイトル	戸数
主婦之友	56
婦人倶楽部	40
キング	32
幼年倶楽部	8
家の光	6
講談倶楽部	5
富民	5
キング、主婦之友	5
少年倶楽部	5
婦人界	4
中央公論	4
婦人公論	4
主婦之友、婦人倶楽部	3
少女倶楽部	3
養鶏	3
婦人倶楽部、キング	2
婦人世界	2
講談雑誌	2
家の光、主婦之友	2
中央公論、主婦之友	2
日の出、文芸雑誌	2
農業雑誌	2
週刊朝日	2
ダイヤモンド	2

34 小椿誠一「児童読物の系統的研究」

最近読んだ図書

分類	男子（500人）			女子（562人）			総計
	尋1-4	尋5-高2	計	尋1-4	尋5-高2	計	
漫画滑稽類	218	112	330	98	158	256	586
物語小説類	14	124	138	34	383	417	555
童話類	78	80	158	98	158	256	414
冒険探偵類	34	164	198	51	96	147	345
地理歴史類	22	106	128	6	98	104	232
偉人英雄類	18	94	112	6	70	76	188
戦争軍事類	8	126	134	0	14	14	148
講談落語類	8	66	74	0	54	54	128
修身修養類	14	38	52	4	44	48	100
理科類	12	56	68	6	12	18	86
家庭に関するもの	0	2	2	0	68	68	70
その他	30	72	102	10	64	74	176

最近読んだ雑誌

男子（500人）

タイトル	人数
少年倶楽部	394
幼年倶楽部	186
キング	200
講談倶楽部	100
譚海	94
富士	92
少女倶楽部	89
日本少年	76
婦人倶楽部	58
主婦之友	46
子供の科学	40
小学1-6年生	40
その他28誌	246
読まない	32

女子（562人）

タイトル	人数
少女倶楽部	422
少年倶楽部	248
キング	232
少女の友	222
主婦之友	190
幼年倶楽部	190
婦人倶楽部	181
講談倶楽部	84
富士	80
日の出	72
小学1-6年生	75
令女界	33
その他32誌	261
読まない	26

35 農林省経済更生部『農村部落生活調査 実態編』

	戸数	新聞(戸)	雑誌	講義録	その他	新聞内訳	雑誌内訳
青森県北津軽郡沿川村大字常海橋字上常海橋	30世帯205人	9	13	0	0	宗教週刊新聞1／不明8	キング3／消防議会報1／我家1／不明8
青森県上北郡大深内村大字大沢田字牛鍵	40世帯305人	1	7	0	1	東奥日報1	不明7
青森県三戸郡島守村大字島守字第二区	34世帯245人	3	1	1	1	東京朝日1／八戸新聞2	不明1
岩手県胆沢郡南都田村都鳥中通目	35世帯293人	6	17	0	0	東日3／岩手日報3	家の光15／キング2／青年倶楽部2／主婦之友、婦人世界、少女倶楽部、少年倶楽部各1
岩手県二戸郡田山村日泥	25世帯201人	10	14	0	0	読売新聞3／岩手日報6／河西新聞1	家の光9／富民協会報、キング、主婦之友、農新報、小学生、統計会各1
秋田県由利郡西瀧沢村蟹沢	23世帯159人	3	9	1	0	秋田魁新報3	家の光8／婦人倶楽部1
秋田県鹿角郡大湯町下草水	36世帯291人	1	5	0	0	秋田魁新報	富民協会報2／キング、農事試験場報、不明各1

36　新潟県立図書館児童室調査「新潟市内上級児童読書状況調査」

購読雑誌

タイトル	男	女	不明	計
少年倶楽部	332	31	15	378
少女倶楽部	8	203	6	217
幼年倶楽部	50	132	12	194
小学五年生	23	17	2	42
譚海	27	4	0	31
小学六年生	11	18	0	29
少女の友	2	19	0	21
キング	6	12	0	18
子供の科学	13	0	0	13
日本少年	8	1	0	9
少女画報	0	6	0	6
主婦之友	0	5	0	5
その他17誌	18	13	1	32
計	498	461	36	995

好きな雑誌

タイトル	男	女	不明	計
少年倶楽部	1,403	144	86	1,633
少女倶楽部	12	1,160	46	1,218
幼年倶楽部	71	261	42	374
少女の友	2	95	0	97
日本少年	55	1	6	62
譚海	45	5	0	50
小学五年生	18	19	1	38
キング	13	25	0	38
小学六年生	8	19	1	28
子供の科学	24	0	1	25
主婦之友	0	14	0	14
新少年	9	1	0	10
講談倶楽部	6	3	0	9

以下略

37　奥井復太郎・藤林敬三「学生生活の思想的方面の一調査」

主な購読雑誌

タイトル	人数	割合
改造	226	22.1
中央公論	207	20.3
セルパン	47	4.6
経済往来	107	10.5
文芸春秋	132	12.8
エコノミスト	50	4.9
キング	112	11.0
新青年	52	5.1
計	933	91.3

購読新聞

タイトル	人数
東京朝日新聞	610
東京日日新聞	352
読売新聞	295
東京時事新聞	245
報知新聞	76
都新聞	74
中外商業新報	43
国民新聞	17
ジャパンタイムズ	7
日本新聞	6
英文日日新聞	6
その他	35
無記入	31
計	1,799
重複	777
実数	1,022

38 松本金寿・安積すみ江「女学校生徒に於ける課外読物の一調査」

新聞への関心（％）

	1年	2年	3年	4年	5年
毎日読む	88.3	96.4	97.4	99.6	100.0
毎日は読まない	11.7	3.6	2.6	0.4	0.0

雑誌への関心（％）

	1年	2年	3年	4年	5年
子供雑誌	98.0	82.0	73.0	42.0	14.0
婦人雑誌	2.0	18.0	27.0	58.0	86.0
計	100.0	100.0	100.0	100.0	100.0

課外読物（単行本文学）内訳（％）

	1年	2年	3年	4年	5年
現代文学	95.6	96.0	94.2	92.0	70.0
古典文学	0.8	1.0	1.0	2.0	10.0
外国文学、翻訳もの	3.6	3.0	4.8	6.0	20.0
計	100.0	100.0	100.0	100.0	100.0

課外読物（現代文学）内訳（％）

	1年	2年	3年	4年	5年
詩歌	0.0	0.0	0.7	4.4	10.6
随筆	0.0	0.0	0.7	0.0	10.2
探偵小説	4.6	1.1	1.5	0.8	0.0
通俗大衆小説	1.6	8.4	13.8	26.8	56.6
少女小説	93.0	76.0	76.0	62.0	17.0
全集もの	0.8	14.5	7.3	6.0	5.6
計	100.0	100.0	100.0	100.0	100.0

好まれる子供雑誌（％）

タイトル	1年	2年	3年	4年	5年
幼年倶楽部	3.0	1.0	2.0	1.0	0.0
少年倶楽部	2.0	6.0	6.0	19.0	17.0
少女画報	1.0	3.0	7.0	8.0	0.0
少女の友	22.0	31.0	34.0	38.0	50.0
少女倶楽部	72.0	59.0	51.0	34.0	33.0
計	100.0	100.0	100.0	100.0	100.0

好まれる婦人雑誌（％）

タイトル	1年	2年	3年	4年	5年
婦人倶楽部	57.0	21.0	30.0	34.0	59.5
主婦之友	29.0	46.0	34.0	35.0	19.5
令女界	0.0	20.0	12.0	16.0	8.0
婦人公論	0.0	0.0	6.0	4.0	8.0
その他	14.0	13.0	18.0	11.0	5.0
計	100.0	100.0	100.0	100.0	100.0

39　日本図書館協会『労務者読書傾向調査』

愛読新聞

男性

タイトル	18歳まで	19-25歳	26歳以上	計
東京日日新聞	271	743	1,661	2,675
東京朝日新聞	231	632	1,336	2,199
読売新聞	249	614	1,016	1,879
報知新聞	123	228	607	961
時事新報	47	105	205	357
国民新聞	36	82	168	286
東京毎夕新聞	15	27	98	140
都新聞	10	16	41	67
中外商業新報	7	17	25	49
無記入	50	65	137	252
調査対象者	993	2,186	4,871	8,050

女性

タイトル	17歳まで	18-24歳	25歳以上	計	総計
東京日日新聞	432	850	400	1,682	4,357
東京朝日新聞	365	579	262	1,206	3,405
読売新聞	318	584	222	1,124	3,004
報知新聞	200	283	156	639	1,600
時事新報	429	631	62	1,122	1,479
国民新聞	70	84	38	192	478
東京毎夕新聞	37	26	12	75	215
都新聞	15	27	19	61	128
中外商業新報	17	14	2	33	82
無記入	229	250	196	675	927
調査対象者	2,053	3,272	1,424	6,749	14,799

愛読雑誌

男性

タイトル	18歳まで	19-25歳	26歳以上	計
キング	337	806	1,110	2,253
講談倶楽部	66	122	143	331
青年	53	95	160	308
日の出	27	136	125	288
富士	45	75	122	242
文芸春秋	6	45	94	145
改造	2	36	61	99
講談	0	26	55	81
主婦之友	3	9	67	79
少年倶楽部	63	6	0	69
中央公論	4	27	35	66
現代	5	22	35	62
新青年	1	24	23	48
科学画報	6	16	21	43
オーム	6	10	3	19
無記入	295	546	2,748	3,589
調査対象者	993	2,186	4,871	8,050

女性

タイトル	17歳まで	18-24歳	25歳以上	計
婦人倶楽部	384	1,253	320	1,957
主婦之友	199	1,014	485	1,698
少女倶楽部	808	161	0	969
キング	334	464	143	941
講談倶楽部	93	92	29	214
婦人公論	16	119	61	196
令女界	82	111	0	193
富士	37	58	12	107
処女	17	31	12	60
日の出	21	20	13	54
少女画報	26	0	0	26
少女の友	22	1	0	23
若草	3	8	6	17
婦女界	2	5	5	12
科学画報	0	1	0	1
無記入	192	288	457	937
調査対象者	2,052	3,272	1,424	6,748

40　文部省社会教育局『児童読物調査』

雑誌調査

尋常科　男

タイトル	1年	2年	3年	4年	5年	6年	計
少年倶楽部	11	24	69	155	142	194	595
幼年倶楽部	56	96	137	46	6	1	342
少年〇年生	113	77	51	20	12	7	280
日本少年	0	0	6	13	6	4	29
キング	0	0	2	2	6	4	14
新少年	0	0	0	3	3	5	11
子供の科学	0	0	2	2	0	6	10
譚海	0	0	0	2	1	4	7
少女倶楽部	0	0	0	0	3	1	4
その他8誌	0	0	0	0	0	1	1
計	180	197	267	243	179	227	1,293
無し	77	63	62	30	20	21	273

女

タイトル	1年	2年	3年	4年	5年	6年	計
少女倶楽部	5	12	28	104	183	168	500
幼年倶楽部	39	60	111	100	25	9	344
少年〇年生	90	81	60	44	33	20	328
少年倶楽部	2	6	3	16	6	12	45
少女の友	0	0	2	6	10	10	28
子供之友	2	0	3	3	5	5	18
幼女の友	3	5	0	0	0	0	8
キング	0	0	0	3	0	3	6
主婦之友	0	0	0	1	2	0	3
その他8誌	1	0	0	2	1	4	8
計	142	164	207	276	268	231	1,288
無し	80	60	51	25	39	31	286

男

	1年	2年	3年	4年	5年	6年	計
買って読む	188	196	234	187	146	170	1,121
借りて読む	39	45	69	69	45	68	335
計	227	241	303	256	191	238	1,456
読まない	30	16	17	20	6	6	95

女

	1年	2年	3年	4年	5年	6年	計
買って読む	143	170	200	216	199	156	1,084
借りて読む	32	49	62	78	100	63	384
計	175	219	262	294	299	219	1,468
読まない	48	16	13	3	14	18	112

高等科　男

タイトル	1年	2年	計
少年倶楽部	315	358	673
キング	36	63	99
新少年	15	51	66
日本少年	22	26	48
日の出	9	17	26
講談倶楽部	1	22	23
富士	5	12	17
子供の科学	2	14	16
幼年倶楽部	6	1	7
計	411	564	975
無	70	101	171

女

タイトル	1年	2年	計
少女倶楽部	359	370	729
少女の友	33	53	86
少年倶楽部	26	31	57
キング	9	29	38
婦人倶楽部	4	28	32
主婦之友	0	20	20
幼年倶楽部	4	5	9
富士	1	8	9
日の出	4	4	8
少女画報	0	4	4
その他3誌	4	2	6
計	444	554	998
無	28	36	64

男

	1年	2年	計
買って読む	238	266	504
借りて読む	263	323	586
計	501	589	1,090
読まない	16	14	30

女

	1年	2年	計
買って読む	219	281	500
借りて読む	252	282	534
計	471	563	1,034
読まない	10	5	15

41　松本金寿・安積すみ江「小学校児童に於ける課外読物の一調査」

関心のある雑誌（暁星小学校、豊明小学校）

尋常2年　男

タイトル	割合(%)
幼年倶楽部	37.8
少年倶楽部	25.2
小学二年生	22.6
キング	5.4
子供の科学	3.6
少女倶楽部	3.6
主婦之友	3.6
婦人倶楽部	1.8
譚海	1.8
科学の日本	1.8
新少年	1.8
計	100.0

尋常2年　女

タイトル	割合
小学二年生	42.8
幼年倶楽部	36.7
少女倶楽部	6.1
コドモノクニ	4.1
少年倶楽部	2.0
小学三年生	2.0
子供之友	2.0
キンダーブック	2.0
赤い鳥	2.0
計	100.0

尋常5年　男

タイトル	割合
少年倶楽部	41.1
子供の科学	14.2
幼年倶楽部	6.3
新少年	6.3
小学五年生	4.7
日本少年	4.7
主婦之友	4.7
コドモノクニ	1.6
赤い鳥	1.6
科学知識	1.6
世界画報	1.6
海軍グラフ	1.6
譚海	1.6
キング	1.6
婦人倶楽部	1.6
ポピュラーメカニック	1.6
ボーイズライフ	1.6
計	100.0

尋常5年　女

タイトル	割合
少女倶楽部	25.9
幼年倶楽部	15.4
少女の友	14.7
少年倶楽部	13.3
小学五年生	7.0
主婦之友	4.9
婦人倶楽部	2.8
キンダーブック	2.1
キング	2.1
小学三年生	1.4
赤い鳥	1.4
小学六年生	0.7
小学一年生	0.7
コドモノクニ	0.7
子供の科学	0.7
科学画報	0.7
綴り方倶楽部	0.7
主婦之友	0.7
富士	0.7
講談倶楽部	0.7
スタア	0.7
計	100.0

愛読する単行本（％）

学年	1年		2年		3年		4年		5年		6年	
性別	男	女	男	女	男	女	男	女	男	女	男	女
漫画	62	17	51	34	25	15	20	14	6	6	4	3
童話	35	71	32	59	39	54	19	33	9	23	8	12
小説	0	0	2	1	15	17	31	25	38	32	27	38
偉人伝	2	0	5	3	5	6	14	10	11	8	28	22
科学	0	0	0	0	3	0	3	1	5	2	6	1
学習	0	12	5	3	8	4	6	5	24	21	18	17
修養	0	0	0	0	1	1	1	2	1	4	1	1
その他	1	0	5	1	4	2	6	10	4	4	8	6
計	100	100	100	100	100	100	100	100	100	100	100	100

42　川崎造船所「新聞雑誌購読調査」

上位の購読新聞、雑誌

タイトル	1936	1934
キング	7,844	3,095
主婦之友	3,393	3,240
富士	996	284
中央公論	377	168
文芸春秋	339	159
改造	261	138
週刊朝日	273	48
サンデー毎日	235	56
科学画報	96	61
科学知識	58	50
日本評論	30	45

タイトル	1936	1934
大阪朝日新聞	6,973	5,337
大阪毎日新聞	6,541	5,849
神戸新聞	2,206	2,231
神戸又新日報	168	328
読売新聞	20	58

43　東京市日本橋区第三青年学校『本校生徒の生活並心理に関する調査研究』

読む雑誌

タイトル	普通科（人）	本科	計
キング	30	117	147
講談倶楽部	20	34	54
少年倶楽部	36	14	50
日の出	5	36	41
富士	13	26	39
日本少年	8	0	8
講談雑誌	3	4	7
婦人雑誌	5	2	7
新青年	4	3	7
譚海	4	3	7
映画雑誌	2	4	6
文芸春秋	2	2	4
経済雑誌	0	4	4
中央公論	0	4	4
海軍グラフ	2	2	4

その他、略

雑誌への関心

	普通科	本科	計
毎月読む	36	68	104
時々読む	54	99	153
読まず	5	8	13
計	95	175	270

読む新聞

タイトル	普通科（人）	本科	計
東京朝日新聞	41	98	139
中外商業新報	37	96	133
東京日日新聞	38	81	119
読売新聞	48	59	107
都新聞	39	48	87
報知新聞	22	43	65
地方新聞	2	9	11
特殊新聞	2	7	9
東京毎夕新聞	8	0	8
国民新聞	5	2	7
東京夕刊	4	0	4

新聞への関心

	普通科	本科	計
毎日読む	59	137	196
時々読む	30	36	66
読まず	6	0	6
不明	0	2	2
計	95	175	270

単行本への関心（最近2、3ヶ月）

	普通科	本科	計
読む	42	75	117
読まず	53	100	153
計	95	175	270

44　山梨県教育会社会教育調査部「社会教育に於ける読書教育普及充実に関する調査」

よく読まれている雑誌

順位	一般男子	青年	一般婦人	女子青年
1	家の光	青年	婦人倶楽部	家の光
2	キング	家の光	主婦之友	婦人公論
3	講談倶楽部	キング	家の光	婦人倶楽部
4	日の出	山梨青年	婦人公論	主婦之友
5	農村更生	中央公論	キング	キング
6	富士	青訓	婦人世界	雄弁
7	農村時報	雄弁	富士	青年
8	蚕桑時報	改造	譚海	処女
9	蚕糸の光	農村更生	婦人之友	婦人世界
10	雄弁	農村時報	家庭	婦女界

以下略

45　東二番丁尋常小学校「児童課外読物調査」

	5年男	5年女	6年男	6年女
新聞購読家庭	137	128	139	129
新聞購読無し	37	21	21	19
計	174	149	160	148

	5年男	5年女	6年男	6年女
雑誌購読家庭	101	77	77	75
雑誌購読無し	73	72	83	73
計	174	149	160	148

46　小林さえ「女子青年の読物調査」

新聞への関心（％）

	毎日読む	時々読む	ほとんど読まない	計
高女一	30	60	10	100
高女二	55	43	2	100
高女三	77	21	2	100
師範一部一	26	68	5	100
高女四	82	14	4	100
師範一部二	56	38	6	100
高女五	88	9	3	100
師範一部三	76	21	3	100
師範二部一	63	37	0	100
師範一部四	88	9	3	100
師範二部二	73	25	2	100
師範一部五	78	22	0	100

雑誌への関心（％）

	毎月読む	時々読む	ほとんど読まない	計
高女一	82	14	4	100
高女二	79	13	8	100
高女三	81	13	6	100
師範一部一	53	39	9	100
高女四	69	23	7	100
師範一部二	44	47	9	100
高女五	67	21	12	100
師範一部三	26	68	6	100
師範二部一	46	38	16	100
師範一部四	53	33	13	100
師範二部二	49	33	18	100
師範一部五	32	28	40	100

単行本への関心（％）

	ほぼ毎日読む	時々読む	ほとんど読まない	計
高女一	15	65	20	100
高女二	23	67	10	100
高女三	14	62	23	100
師範一部一	10	77	12	100
高女四	22	61	17	100
師範一部二	4	80	16	100
高女五	21	70	10	100
師範一部三	19	81	0	100
師範二部一	6	78	16	100
師範一部四	45	52	3	100
師範二部二	17	83	0	100
師範一部五	19	76	5	100

図書館の利用（％）

学年	始終行く	時々行く	ほとんど行かない	計
高女一	3	20	76	100
高女二	5	26	69	100
高女三	0	28	71	100
師範一部一	11	22	67	100
高女四	1	31	68	100
師範一部二	0	29	70	100
高女五	0	12	88	100
師範一部三	11	24	65	100
師範二部一	4	44	53	100
師範一部四	0	48	51	100
師範二部二	3	56	41	100
師範一部五	8	33	59	100

最も読まれる雑誌

学年	タイトル	割合（％）
高女一	少女倶楽部	57
高女二	少女の友	52
高女三	少女の友	52
師範一部一	少女倶楽部	31
高女四	少女の友	29
師範一部二	少女の友	45
高女五	新女苑	30
師範一部三	少女の友	18
師範二部一	少女の友	16
師範一部四	新女苑	25
師範二部二	新女苑	15
師範一部五	婦人之友	27

47　横浜高商図書課「昭和十三年十月　読物調査」

読んでいる新聞

タイトル	人数
東京朝日新聞	386
東京日日新聞	218
読売新聞	189
中外商業新報	51
都新聞	17
報知新聞	16
横浜貿易新報	15
大阪毎日新聞	6
ジャパンアドバタイザー	6
大阪朝日新聞	4
国民新聞	4
英文日日新聞	2
帝大新聞	1

読んでいる雑誌

タイトル	人数
中央公論	105
文芸春秋	92
国際知識及評論	83
改造	75
日本評論	65
キング	30
エコノミスト	19
英語研究	18
セルパン	12
新潮	8
実業之日本	6
新青年	5
日本映画	5
一橋論叢	5
その他51誌	91

読んで興味深かった図書

タイトル	人数
学生と生活	20
大地	15
学生の書	13
若い人	13
生活の探求	13
出家とその弟子	11
愛と認識との出発	10
学生と教養	10
学生と先哲	8
三太郎の日記	8
田園交響楽	6
糞尿譚	6
その他237タイトル	323

48　教学局　『学生生徒生活調査』

ふだん読む雑誌

帝国大学		官公立大学		私立大学		官公立私立高校		官公立大学予科	
タイトル	人数	タイトル	人数	タイトル	人数	タイトル	人数	タイトル	人数
中央公論	2,378	中央公論	715	中央公論	183	中央公論	1,530	文芸春秋	356
文芸春秋	1,886	文芸春秋	685	改造	159	文芸春秋	1,523	中央公論	328
改造	1,779	改造	495	文芸春秋	144	改造	1,226	改造	214
エコノミスト	269	エコノミスト	251	日本評論	51	日本評論	308	日本評論	78
科学ペン	239	日本評論	197	キング	26	カレントオブザワールド	277	キング	61
キング	203	キング	129	革新	18	キング	237	文芸	51
科学	173	科学ペン	63	セルパン	11	科学画報	216	科学ペン	48
日本評論	169	医学雑誌	53	文芸	11	セルパン	169	セルパン	43
思想	157	一橋論叢	50	新青年	11	科学ペン	164	思想	38
法学協会雑誌	151	思想	49	エコノミスト	11	科学知識	148	科学画報	28
革新	143	セルパン	43	思想	10	思想	131	一橋論叢	23
セルパン	142	革新	38	電気学会雑誌	10	アサヒカメラ	109	知性	22
科学知識	129	アサヒカメラ	36	知性	9	知性	79	科学知識	18
文芸	125	国民経済雑誌	32	週報	9	新潮	77	国際知識	14
アサヒカメラ	91	経済学雑誌	31	科学主義工業	9	文芸	67	理想	12
新潮	88	理想	23	浄土	8	映画の友	63	日の出	11
国家学会雑誌	59	東洋経済新報	23	経済マガジン	8	英語研究	57	英語研究	10
カレントオブザワールド	52	科学画報	20	オーム	8	大東亜主義	54	週報	10
理想	50	新潮	19	朝日報	7	文学界	52	アサヒカメラ	10
婦人公論	47	史学雑誌	18	新潮	6	理想	45	空	9
その他	5,872	その他	768	その他	200	その他	1,071	その他	539
計	14,202		3,738		909		7,603		1,923

読書傾向調査(表48)

私立大学予科		高等師範学校		女子高等師範学校		公私立女子専門		専門学校	
タイトル	人数	タイトル	人数	タイトル	人数	タイトル	人数	タイトル	人数
文芸春秋	169	文芸春秋	163	婦人公論	98	女医界	500	文芸春秋	2,636
中央公論	121	中央公論	141	新女苑	42	婦人公論	499	中央公論	2,211
改造	108	改造	111	主婦之友	34	新女苑	272	改造	1,720
キング	46	キング	46	中央公論	32	主婦之友	269	キング	1,692
日本評論	37	日本評論	37	文芸	29	中央公論	148	日本評論	881
新潮	33	思想	21	改造	26	文芸春秋	124	エコノミスト	537
アサヒカメラ	26	文芸	21	婦人画報	23	婦人之友	110	週報	414
新青年	20	新潮	17	文芸春秋	22	婦人倶楽部	110	農業及園芸	296
スタア	18	英語青年	17	婦人之友	21	キング	108	セルパン	280
セルパン	15	言霊	13	文学界	15	婦人画報	92	科学画報	224
野球界	13	文学界	12	婦人倶楽部	13	改造	87	科学知識	203
知性	12	科学ペン	12	むらさき	11	文芸	74	革新	169
海軍グラフ	12	理想	11	料理の友	11	むらさき	44	アサヒカメラ	149
航空知識	3	史学雑誌	11	科学知識	10	少女の友	43	日の出	149
富士	3	英語研究	11	短歌研究	10	週報	35	雄弁	144
話	3	科学画報	9	新潮	9	令女界	27	水産週報	137
科学知識	3	セルパン	7	文学界	8	被服	24	英語研究	134
科学ペン	3	科学知識	7	栄養の日本	8	新潮	24	カレントオブザワールド	129
モダン日本	3	地理学評論	7	少女の友	8	栄養と料理	22	現代	119
むらさき	3	週報	6	女子供の教育	7	セルパン	18	科学ペン	117
その他	125	その他	237	その他	129	その他	470	その他	5,694
計	800		917		566		3,100		18,035

ふだん読む新聞

帝国大学		官公立大学		私立大学		官公私立高校		官公立大学予科	
タイトル	人数	タイトル	人数	タイトル	人数	タイトル	人数	タイトル	人数
東京朝日新聞	6,178	大阪朝日新聞	1,796	東京朝日新聞	553	大阪朝日新聞	4,485	東京朝日新聞	968
大阪朝日新聞	1,608	東京朝日新聞	1,416	東京日日新聞	250	東京朝日新聞	4,266	北海タイムス	457
東京日日新聞	1,497	大阪毎日新聞	938	読売新聞	171	大阪毎日新聞	2,492	大阪朝日新聞	452
読売新聞	1,367	読売新聞	663	都新聞	18	東京日日新聞	1,523	東京日日新聞	321
東京帝国大学新聞	1,196	東京日日新聞	488	報知新聞	17	読売新聞	1,482	大阪毎日新聞	225
大阪毎日新聞	943	東京帝国大学新聞	58	中外商業新報	11	東京帝国大学新聞	1,385	読売新聞	213
北海タイムス	698	福岡日日新聞	51	東京帝国大学新聞	3	福岡日日新聞	431	東京帝国大学新聞	57
福岡日日新聞	524	神戸新聞	51	国民新聞	3	中国新聞	148	小樽新聞	25
京城日報	174	合同新聞	44	ジャパンアドバタイザー	3	報知新聞	124	報知新聞	19
台湾日日新聞	148	中国新聞	42	三田新聞	3	松陽新聞	94	都新聞	11
報知新聞	130	報知新聞	41	東京毎夕新聞	3	高知新聞	90	中外商業新報	9
都新聞	126	新愛知新聞	38	大阪毎日新聞	2	都新聞	88	河北新報	5
中外商業新報	87	名古屋新聞	37	早稲田大学新聞	2	河北新聞	87	国民新聞	4
河北新報	81	中外商業新報	35	教学新聞	2	名古屋新聞	61	夕刊大阪毎日新聞	3
朝鮮日報	46	北国新聞	35	日刊工業新聞	2	京都帝国大学新聞	55	福岡日日新聞	2
ジャパンアドバタイザー	41	都新聞	22	帝国新報	2	鹿児島新聞	53		
九州日報	39	九州日日新聞	21			新愛知新聞	52		
朝鮮新聞	32	新潟毎日新聞	17			九州日日新聞	49		
東亜日報	30	英文大阪毎日新聞	12			北国新聞	49		
国民新聞	27	長崎日日新聞	9			合同新聞	47		
その他	388	その他	73	その他	7	その他	389	その他	17
計	15,360		5,887		1,057		17,450		2,812

私立大学予科		高等師範学校		女子高等師範学校		公私立女子専門		専門学校	
タイトル	人数	タイトル	人数	タイトル	人数	タイトル	人数	タイトル	人数
東京朝日新聞	624	東京朝日新聞	710	東京朝日新聞	451	東京朝日新聞	979	大阪朝日新聞	8,079
読売新聞	368	大阪朝日新聞	426	大阪朝日新聞	283	大阪朝日新聞	730	東京朝日新聞	7,189
東京日日新聞	310	東京日日新聞	225	大阪毎日新聞	137	大阪毎日新聞	429	大阪毎日新聞	5,392
報知新聞	42	読売新聞	215	読売新聞	39	読売新聞	389	東京日日新聞	3,961
都新聞	40	大阪毎日新聞	94	東京日日新聞	10	東京日日新聞	307	読売新聞	2,954
中外商業新報	16	中国新聞	84	報知新聞	4	福岡日日新聞	167	報知新聞	516
国民新聞	9	東京帝国大学新聞	14	東京帝国大学新聞	2	中国新聞	164	福岡日日新聞	452
大阪毎日新聞	7	報知新聞	13			河北新報	161	北海タイムス	426
ジャパンアドバタイザー	3	国民新聞	5			報知新聞	34	新愛知新聞	389
大阪朝日新聞	2	都新聞	3			信濃毎日新聞	25	名古屋新聞	339
ジャパンタイムズ	2					京都日日新聞	22	台湾日日新聞	238
早稲田大学新聞	2					都新聞	12	中外商業新報	169
教学新聞	2					中外商業新報	9	中国新聞	168
						京都日出新聞	7	都新聞	162
						大阪時事新聞	6	河北新聞	148
						国民新聞	4	小樽新聞	138
						夕刊大阪新聞	4	九州毎日新聞	133
						大阪毎日新聞	3	北国新聞	119
						九州日報	2	英文毎日新聞	94
						中外日報	2	神戸新聞	72
その他	8	その他	4			その他	20	その他	981
計	1,435		1,793		926		3,476		32,119

最近感銘を受けた図書

帝国大学		官公立大学		私立大学		官公私立高等学校		官公立大学予科	
タイトル	人数	タイトル	人数	タイトル	人数	タイトル	人数	タイトル	人数
麦と兵隊	1,212	麦と兵隊	585	麦と兵隊	182	麦と兵隊	1,090	麦と兵隊	213
土と兵隊	819	土と兵隊	313	土と兵隊	103	生活の探求	515	土と兵隊	95
生活の探求	596	生活の探求	111	生活の探求	26	土と兵隊	433	生活の探求	65
キュリー夫人伝	139	大地	36	大地	11	愛と認識との出発	304	愛と認識との出発	37
大地	139	人間	20	倫理御進講草案	7	出家とその弟子	137	冬の宿	35
人間	98	倫理御進講草案	17	風と共に去りぬ	6	三太郎の日記	117	出家とその弟子	23
冬の宿	81	若い人	16	二十世紀の神話	6	善の研究	101	キリストの自由	19
道理の感覚	60	愛と認識との出発	15	冬の宿	5	友情	89	三太郎の日記	18
ジャン・クリストフ	60	冬の宿	15	いのちの初夜	5	学生生活	89	土	18
若い人	52	時局と学生	15	若い人	5	人格主義	86	冬の華	17
風と共に去りぬ	49	風と共に去りぬ	15	幸福	4	罪と罰	79	若い人	16
日本社会政策史	46	二十世紀の神話	13	人間大隈重信	4	大地	78	大地	15
夏目漱石伝	36	ジャン・クリストフ	12	独逸国民に告ぐ	3	時局と学生	78	罪と罰	14
幸福	33	出家とその弟子	12	人を動かす	3	冬の宿	75	漱石全集	13
雪国	32	学生生活	11	ジャン・クリストフ	3	哲学以前	71	哲学以前	13
暗夜行路	30	夏目漱石	11	生命の実相	3	ジャン・クリストフ	64	ジャン・クリストフ	12
あらがね	29	三太郎の日記	11	綴方教室	3	狭き門	51	風土	11
国家構造論	25	歴史的世界	10	道理の感覚	2	偶像再興	50	倫理御進講草案	11
教養と文化の基礎	23	人を動かす	9	フランス通信	2	風土	49	善の研究	11
倫理御進講草案	19	いのちの初夜	9	学生の書	2	若い人	45	風と共に去りぬ	9
その他	7,179	その他	827	その他	195	その他	3,825	その他	974
計	10,631		2,033		563		7,167		1,639

私立大学予科		高等師範学校		女子高等師範学校		公私立女子専門		専門学校	
タイトル	人数	タイトル	人数	タイトル	人数	タイトル	人数	タイトル	人数
麦と兵隊	203	麦と兵隊	174	麦と兵隊	87	麦と兵隊	544	麦と兵隊	3,612
土と兵隊	106	土と兵隊	72	土と兵隊	26	土と兵隊	136	土と兵隊	1,323
大地	28	生活の探求	48	大地	22	大地	74	生活の探求	564
風と共に去りぬ	28	愛と認識との出発	17	生活の探求	20	生活の探求	55	大地	470
生活の探求	20	大地	15	土に叫ぶ	13	風と共に去りぬ	42	若い人	191
レミゼラブル	15	出家とその弟子	15	学生と生活	10	母	23	土に叫ぶ	170
出家とその弟子	15	吉田松陰	12	母	10	いのちの初夜	19	学生と生活	167
懺悔録	12	名もなき民の心	12	風と共に去りぬ	9	母の肖像	18	愛と認識との出発	163
冬の宿	11	東洋倫理	11	ジャン・クリストフ	8	北條民雄全集	17	母	149
北條民雄全集	11	倫理御進講草案	11	いのちの初夜	6	土	14	出家とその弟子	144
土	11	善の研究	10	狭き門	5	大義	13	冬の宿	134
ヒットラー伝	10	哲学以前	10	暗夜行路	5	狭き門	11	学生の書	129
幸福	9	夏目漱石	9	愛と認識との出発	4	愛と認識との出発	10	時局と学生	121
生活の発見	7	大義	8	エミール	4	こころ	8	倫理御進講草案	114
若い人	7	三太郎の日記	8	藤井武全集	4	学生と生活	7	土	100
倫理御進講草案	6	宮本武蔵	8	源氏物語	4	出家とその弟子	7	学生と教養	95
学生生活	5	冬の宿	8	母の肖像	4	若い人	7	風と共に去りぬ	95
波	5	風土	7	未完の告白	4	野口英世	7	三太郎の日記	77
友情	5	古事記	7	二宮翁夜話	4	冬の宿	6	青年の書	74
学生と教養	5	学生と生活	6	レミゼラブル	4	破戒	6	人を動かす	66
その他	144	その他	418	その他	210	その他	572	その他	5,250
計	663		886		463		1,596		13,208

49　台北帝国大学・京城帝国大学　『学生生活調査』

台北帝国大学（316人）

購読雑誌

タイトル	人数
キング	109
中央公論	70
文芸春秋	62
改造	56
日本評論	20
農業及園芸	18
セルパン	15
科学ペン	14
雄弁	10
日の出	7
話	7
映画之友	7
その他80誌	156

購読新聞

タイトル	人数
台湾日日新報	377
大阪朝日新聞	92
大阪毎日新聞	91
東京朝日新聞	43
台湾新民報	38
読売新聞	22
東京帝国大学新聞	16
東京日日新聞	7
台湾日報	6
その他	14
購入無	33
記入無	13

愛読書名

タイトル	人数
大地	11
麦と兵隊	6
人生論	5
若い人	4
カラマーゾフの兄弟	3
自然と人生	3
学生と生活	3
漱石全集	3
蒼氓	2
学生と教養	2
源氏物語	2
徒然草	2
復活	2
その他	116

京城帝国大学（383人）

読んでいる雑誌

タイトル	人数
中央公論	109
改造	96
文芸春秋	53
日本評論	33
エコノミスト	22
セルパン	20
キング	17
科学ペン	16
思想	11
革新	10
文芸	9
法協雑誌	8
科学知識	6
新潮	5
国語と国文学	5
その他	162
計	582

読んでいる新聞

タイトル	人数
京城日報	174
大阪朝日新聞	141
大阪毎日新聞	119
朝鮮日報	46
読売新聞	34
朝鮮新聞	32
東亜日報	30
東大、帝大新聞	26
東京朝日新聞	14
東京日日新聞	5
福岡日日新聞	4
毎日新報	3
朝鮮日日新聞	2
朝鮮商工新聞	2
満洲日日新聞	2
その他	18
計	642

最近感銘を受けた図書

タイトル	人数
麦と兵隊	34
生活の探求	17
土と兵隊	14
キュリー夫人伝	6
独逸戦没学生の手紙	5
人間	5
冬の宿	4
大地	4
祖国への愛と認識	3
時局と学生	3
若い人	3
生活の発見	3
三太郎の日記	3
大義	3
二十世紀の神話	3
その他	112
計	222

50　茨城県立某高等女学校　「女学生の読書調査」

感想文のために選んだ図書

学年	タイトル	人数
一年	一茶さん	12
	良寛さま	6
	紅ばら白ばら	5
	芭蕉さま	5
二年	藤村読本二	11
	坊っちゃん	10
	西行さま	5

学年	タイトル	人数
三年	芥川全集	17
	長塚節集	5
	漱石全集	5
	鴎外全集	5
四年	麦と兵隊	14
	漱石全集	11
	芥川全集	9
	吉田絃二郎集	5

51　東京府中等学校補導協会「中・女学生は何を読む」

支持された図書

男子

順位	1年	2年	3年	4年	5年
1	坊っちゃん	坊っちゃん	土と兵隊	土と兵隊	土と兵隊
2	麦と兵隊	麦と兵隊	麦と兵隊	麦と兵隊	麦と兵隊
3	偉人野口英世	土と兵隊	坊っちゃん	欧米を見て	宮本武蔵
4	土と兵隊	吾輩は猫である	吾輩は猫である	坊っちゃん	小島の春
5	吾輩は猫である	巌窟王	風と共に去りぬ	三四郎	三四郎
6	プルターク英雄伝	宝島	欧米を見て	路傍の石	草枕
7	鉄仮面	宮本武蔵	宮本武蔵	キュリー夫人伝	若い人
8	国の護り	自然と人生	三四郎	小島の春	キュリー夫人伝
9	ロビンソン漂流記	地球盗難	千曲川のスケッチ	草枕	欧米を見て
10	欧米を見て	三四郎	自然と人生	宮本武蔵	風と共に去りぬ

女子

順位	1年	2年	3年	4年	5年
1	坊っちゃん	坊っちゃん	坊っちゃん	若い人	風と共に去りぬ
2	吾輩は猫である	吾輩は猫である	あの道この道	風と共に去りぬ	若い人
3	花物語	小島の春	夢と兵隊	キュリー夫人伝	小島の春
4	あの道この道	花物語	綴方教室	小島の春	キュリー夫人伝
5	グリム童話集	土と兵隊	銭形平次捕物百話	二人女房	大地
6	小公女	麦と兵隊	土と兵隊	三四郎	女の一生
7	小公子	あの山越えて	小島の春	女の一生	チボー家の人々
8	土と兵隊	子供の四季	三四郎	狭き門	夢と兵隊
9	ケティ物語	桜貝	花物語	真実一路	狭き門
10	綴方教室	アルプスの山の娘	母（鶴見）	実いまだ熟せず	街

52　桐原葆見「青年の読書に関する調査」

各学校回答者数

名称	性別	回答者数
東京市本所区青年学校 A	男	237
東京市本所区青年学校 B	男	197
神奈川県農村青年学校	男	113
宮城県農村青年学校	男	158
岩手県農村青年学校	男	173
新潟県農村青年学校	男	176
工業青年学校 A	男	200
工業青年学校 B	男	242
工業青年学校 C	男	65
神奈川県農村青年学校	女	28
宮城県農村青年学校	女	65
岩手県農村青年学校	女	186
新潟県農村青年学校	女	55

毎月読む雑誌（%）

工場の青年学校（男）

タイトル	東京市本所区青年学校A	東京市本所区青年学校B	工業青年学校A	工業青年学校B	工業青年学校C
キング	29.0	30.0	26.6	57.6	13.8
少年倶楽部	6.9	12.8	0	1.5	8.3
講談倶楽部	12.0	6.9	5.8	3.3	0
富士	11.1	6.9	2.6	3.3	0
家の光	0	0	4.6	1.5	13.8
日の出	10.2	5.1	1.6	1.5	0
青年	2.6	1.7	0	3.7	8.3
譚海	1.1	4.3	0	0	0
読まない、その他	27.1	32.3	58.8	27.6	55.8
計	100.0	100.0	100.0	100.0	100.0

農村の青年学校（男）

タイトル	神奈川県農村青年学校	宮城県農村青年学校	岩手県農村青年学校	新潟県農村青年学校
家の光	20.0	41.8	38.1	53.2
青年	50.6	8.8	32.5	5.2
キング	14.1	20.0	3.0	15.6
少年倶楽部	7.1	4.8	5.6	3.7
譚海	0	11.8	0	0
日の出	0	3.0	1.5	1.5
富士	2.4	0	1.5	0
講談倶楽部	0	0	0	3.0
読まない、その他	5.8	9.8	17.8	17.8
計	100.0	100.0	100.0	100.0

農村の青年学校（女）

タイトル	神奈川県農村青年学校	宮城県農村青年学校	岩手県農村青年学校	新潟県農村青年学校
家の光	72.8	31.1	54.0	47.1
少女倶楽部	9.1	2.0	10.8	11.5
主婦之友	9.1	7.3	3.9	10.4
キング	0	12.6	3.9	5.8
婦人倶楽部	0	11.3	3.9	3.1
青年	0	0	6.9	1.4
富士	0	3.3	0	0
日の出	0	1.3	1.9	0
少年倶楽部	0	0	1.9	0
読まない、その他	9.0	31.1	12.8	20.7
計	100.0	100.0	100.0	100.0

図書館の利用（学校ごと、％）

工場の青年学校（男）

	東京市本所区青年学校A	東京市本所区青年学校B	工業青年学校A	工業青年学校B	工業青年学校C
いつも	0.5	0.6	1.2	0	0
時々	27.6	24.3	46.9	43.4	11.1
ほとんどない	53.1	62.2	42.0	50.9	87.3
記載なし	18.8	13.0	9.9	5.7	1.6
計	100.0	100.0	100.0	100.0	100.0

農村の青年学校（男）

	神奈川県農村青年学校	宮城県農村青年学校	岩手県農村青年学校A	岩手県農村青年学校B	岩手県農村青年学校C	新潟県農村青年学校A	新潟県農村青年学校B	新潟県農村青年学校C	新潟県農村青年学校D
いつも	0	0.7	0	0	0	0	1.1	0	0.5
時々	22.2	28.1	27.7	4.5	60.7	0	12.1	1.1	13.6
ほとんどない	51.9	37.0	60.0	76.1	21.5	91.6	60.3	76.4	72.3
記載なし	25.7	34.2	12.3	19.4	17.8	8.4	26.5	22.5	13.6
計	100.0	100.0	100.0	100.0	100.0	100.0	100.0	100.0	100.0

農村の青年学校（女）

	神奈川県農村青年学校	宮城県農村青年学校A	宮城県農村青年学校B	岩手県農村青年学校A	岩手県農村青年学校B	岩手県農村青年学校C	新潟県農村青年学校D
いつも	0	3.2	0	0	0	0	0
時々	3.6	22.8	29.1	0	0	0	0
ほとんどない	46.4	25.3	31.9	66.2	86.7	54.2	64.8
記載なし	50.0	48.7	39.0	33.8	13.3	45.8	35.2
計	100.0	100.0	100.0	100.0	100.0	100.0	100.0

53　飯島篤信「勤労青年の読書傾向」

雑誌への関心

年齢	男子 総数	男子 読む(人)	男子 割合(%)	女子 総数	女子 読む(人)	女子 割合
12	134	85	63.43	106	93	87.74
13	401	272	67.83	286	242	84.62
14	402	277	68.91	175	147	84.00
15	367	223	60.76	95	77	81.05
16	414	242	58.45	59	47	79.66
17	360	256	71.11	33	28	84.85
18	275	188	68.36	15	15	100.00
19	137	94	68.61	4	4	100.00
20	117	62	52.99	7	7	100.00
計	2,607	1,699	65.17	780	660	84.62

読んでいる雑誌

タイトル	男子	割合	女子	割合
少年雑誌	683	26.91	0	0
少女雑誌	0	0	586	64.40
婦人雑誌	0	0	146	16.04
大衆雑誌	1,370	53.98	131	14.40
映画演劇	23	0.91	9	0.99
文芸	16	0.63	5	0.55
青年雑誌	182	7.17	6	0.66
綜合雑誌	51	2.01	4	0.44
経済	15	0.59	0	0
科学	109	4.29	0	0
趣味	64	2.52	0	0
その他	25	0.99	23	2.53
計	2,538	100.00	910	100.00

読んだ本（最近2ヶ月）

	男子	割合	女子	割合
漫画児童読物	58	5.00	36	8.24
少年少女小説	62	5.34	46	10.53
冒険探偵小説	39	3.36	10	2.29
講談落語	211	18.17	47	10.76
小説	459	39.53	220	50.34
随筆及び詩歌	26	2.24	17	3.89
古典文学	15	1.29	8	1.83
伝記	105	9.04	27	6.18
歴史地理	7	0.60	5	1.14
修養処世	42	3.62	5	1.14
宗教	8	0.69	0	0
家庭	0	0	16	3.66
科学及び産業	21	1.81	0	0
政治軍事社会	28	2.41	0	0
兵書	46	3.96	0	0
趣味	21	1.81	0	0
参考書	13	1.12	0	0
計	1,161	100.00	437	100.00

54 服部智「児童文化環境の調査と読物指導」

文化状況（戸数123）

新聞をとっている	62
ラジオがある	40
蓄音器がある	11
都市に親せきがいる	62
兄妹が中等学校以上に在学	8
父が読書する	10
家で毎月或いは時々本を買う	67
父が中等学校以上卒業	5
新聞雑誌ラジオ蓄音器皆無	39

購読新聞

タイトル	戸数
国民新聞	36
東京日日新聞	15
読売新聞	6
東日小学生新聞	3
多摩日日新聞	1
東京毎夕新聞	1
東日、読売新聞	1

家で見る本

タイトル	戸数
キング	27
家の光	20
婦人倶楽部	7
主婦之友	4
講談倶楽部	3
その他	4

時々、本、雑誌を買ってもらう（人）

タイトル	尋1	尋2	尋3	尋4	尋5	尋6	計
小学一年生	2	0	0	0	0	0	2
漫画	9	14	2	2	0	0	27
絵本	4	3	1	5	0	0	13
幼年倶楽部	2	0	0	2	0	0	4
お話の本	2	0	1	0	0	0	3
豆本	0	3	0	0	0	0	3
小学三年生	0	0	2	0	0	0	2
少年倶楽部	0	0	1	1	1	1	4
少女倶楽部	0	0	0	1	0	5	6
タイトル不明	0	0	0	1	1	0	2
購入無	11	17	24	14	31	25	122
計	30	37	31	26	33	31	188

毎月本、雑誌を買ってもらう2戸を含む

55 神奈川県某高等女学校「女学校の読書調査」

支持されている図書

順位	1年	2年	3年	4年	5年
1	小公女	漱石全集	麦と兵隊	坊っちゃん	小島の春
2	小公子	小公女	土と兵隊	麦と兵隊	土と兵隊
3	世界お伽集	小公子	徒然草	土と兵隊	坊っちゃん
4	坊っちゃん	綴方教室	子供の四季	徒然草	路傍の石
5	子供の四季	麦と兵隊	坊っちゃん	子供の四季	田園交響楽
6	家なき子	坊っちゃん	小島の春	路傍の石	綴方教室
7	漱石全集	クオレ	みみずのたはごと	方丈記	こころ
8	探偵小説集	家なき子	路傍の石	吾輩は猫である	雁（鴎外）
9	万寿姫	国民東洋史	綴方教室	噫無常	吉田絃二郎集
10	西条八十集	里見八犬伝	キュリー夫人伝	平家物語	大地
11	宇野浩二集	志賀直哉集	吾輩は猫である	日本二千六百年史	無憂華
12	父の国と母の国	小泉八雲集	小公子	小公子	北岸部隊
13	綴方教室	乞食王子	小公女	出家とその弟子	自然と人生

56　文部省「児童読物調査　雑誌」

雑誌への関心

大都市

	男（人）	女	計	割合（％）
毎月読む	1,620	1,342	2,962	50.0
時々読む	1,154	1,160	2,314	39.0
読まない	362	291	653	11.0
計	3,136	2,793	5,929	100.0

小都市

	男	女	計	割合
毎月読む	764	955	1,719	45.2
時々読む	832	773	1,625	42.7
読まない	205	257	462	12.1
計	1,801	1,985	3,806	100.0

農村

	男	女	計	割合
毎月読む	280	376	656	31.2
時々読む	465	506	971	46.2
読まない	265	211	476	22.6
計	1,010	1,093	2,103	100.0

漁村

	男	女	計	割合
毎月読む	510	506	1,016	37.1
時々読む	645	580	1,225	44.7
読まない	224	274	498	18.2
計	1,379	1,360	2,739	100.0

山村

	男	女	計	割合
毎月読む	245	213	458	43.0
時々読む	271	216	487	45.7
読まない	66	54	120	11.3
計	582	483	1,065	100.0

多く読まれている雑誌

タイトル	男	女	計
幼年倶楽部	2,886	2,846	5,734
少年倶楽部	3,894	1,682	5,536
少女倶楽部	390	3,390	3,699
小学四年生	469	533	1,002
キング	1,044	1,130	2,174
家の光	992	1,116	2,156
小学二年生	450	510	960
小学三年生	409	537	946
少女の友	38	826	864
小学六年生	275	506	781
小学五年生	305	389	694
譚海	457	207	664
小学一年生	286	279	565
小学生の科学	446	80	526
日の出	231	285	516

以下略

57　文部省「児童読物調査　推薦図書」

支持された推薦図書

著者	タイトル	男	女	計
黒崎義介	桃太郎	898	1,275	2,173
富田常雄	軍神西住戦車長	1,350	777	2,127
黒崎義介	金太郎	695	1,048	1,743
新村出	イソップ物語	610	816	1,426
大坪草二郎	続良寛さま	269	543	812
武井武雄	ノリモノチシキ	296	423	719
坪田譲治	カタカナ童話集	309	366	675
島崎藤村	ひらがな童話集	213	278	491
吉田絃二郎	愛馬いづこ	179	289	468
森田たま	鉛の兵隊	98	340	438
横山美智子	よい子強い子	108	315	423
武井武雄	ドウブツノチエ　上	229	153	382
横山隆一	小さな船長さん	156	199	355
浜田広介	ひらがな童話集	142	178	320
同	ニゲタカメノコ	165	154	319
鈴木としを	ハトポッポ	127	181	308
武井武雄	ドウブツノチエ　下	200	83	283
林馨	私たちのからだ	62	194	256
西原勝	陸の若鷲	157	98	255
武井武雄	ムラノコドモ	101	143	244
福永恭介	国の護り	165	72	237
与田準一	天まであがれ	134	98	232
武田雪夫	日の丸の下に	91	135	226
吉江喬松	心を清くする話	84	138	222
池田宣政	豊田佐吉	135	78	213
宮沢賢治	風の又三郎	61	125	186
楠山正雄	日本童話宝玉集	105	65	170
その他、12種		561	676	1,237
計		7,700	9,240	16,940

	男	女	計
調査生徒数	7,641	7,327	14,968

男女別順位

男	女
軍神西住戦車長	桃太郎
桃太郎	金太郎
金太郎	イソップ物語
イソップ物語	軍神西住戦車長
カタカナ童話集	続良寛さま
ノリモノチシキ	ノリモノチシキ
続良寛さま	カタカナ童話集
ドウブツノチエ　上	鉛の兵隊
ひらがな童話集	よい子強い子
ドウブツノチエ　下	愛馬いづこ
愛馬いづこ	ひらがな童話集
ニゲタカメノコ	小さな船長さん
国の護り	私たちのからだ
陸の若鷲	ハトポッポ
小さな船長さん	ひらがな童話集
天まであがれ	ニゲタカメノコ
ひらがな童話集	ドウブツノチエ　上
豊田佐吉	ムラノコドモ
ハトポッポ	心を清くする話
よい子強い子	日の丸の下に
日本童話宝玉集	風の又三郎
ムラノコドモ	陸の若鷲
鉛の兵隊	天まであがれ
日の丸の下に	ドウブツノチエ　下
心を清くする話	豊田佐吉
私たちのからだ	国の護り
風の又三郎	日本童話宝玉集

58　神崎清「女学生は何を読んでゐるか」

愛読書の順位

1年		2年		3年	
著者	タイトル	著者	タイトル	著者	タイトル
菊池寛	心の王冠	夏目漱石	坊っちゃん	神崎清	少女文学教室
吉屋信子	あの道この道	夏目漱石	草枕	夏目漱石	坊っちゃん
夏目漱石	坊っちゃん	夏目漱石	吾輩は猫である	夏目漱石	草枕
黒岩涙香	噫無常	樋口一葉	たけくらべ	吉川英治	宮本武蔵
吉屋信子	桜貝	吉屋信子	紅雀	小川正子	小島の春
豊田正子	綴方教室	バーネット	小公子	夏目漱石	吾輩は猫である
サトウハチロー	おさらひ横町	バーネット	小公女	吉屋信子	花物語
吉屋信子	花物語	小川正子	小島の春	夏目漱石	三四郎
吉屋信子	わすれな草	川端康成	乙女の港	島崎藤村	千曲川のスケッチ
吉屋信子	紅雀	山本有三	君たちはどう生きるか	夏目漱石	道草

4年		5年		読んでいる雑誌	
著者	タイトル	著者	タイトル	タイトル	人数
石坂洋二郎	美しき暦	大迫倫子	娘時代	少女の友	330
大迫倫子	娘時代	石坂洋二郎	美しき暦	少女倶楽部	373
夏目漱石	草枕	ミッチェル	風と共に去りぬ	少年倶楽部	118
ミッチェル	風と共に去りぬ	ジイド	狭き門	キング	99
吉川英治	宮本武蔵	小川正子	小島の春	歌劇	16
ジイド	狭き門	吉川英治	宮本武蔵	文芸春秋	15
野澤富美子	煉瓦女工	石坂洋二郎	若い人	学生の科学	12
小川正子	小島の春	山本有三	戦争と二人の婦人	改造	10
夏目漱石	三四郎	大嶽康子	病院船	小学生の科学	9
大嶽康子	病院船	夏目漱石	草枕	中央公論	4

59 都留長彦「女学校一年生の読物について」

読んだことのある本（明治以前）

タイトル	人数
竹取物語	26
東海道中膝栗毛	15
仮名手本忠臣蔵	10
源氏物語	7
平家物語	7
源平盛衰記	6
南総里見八犬伝	5
枕草子	3
落窪物語	3
その他9種	9

読んだことのある本（明治以後）

タイトル	人数
坊っちゃん	77
土と兵隊	41
吾輩は猫である	35
麦と兵隊	31
綴方教室	25
夏目漱石全集	15
子規全集	15
草枕	12
千曲川のスケッチ	12
その他42種	104

今後読んでみたい本（明治以前）

タイトル	人数
源氏物語	64
源平盛衰記	27
枕草子	26
万葉集	25
平家物語	21
古事記伝	14
南総里見八犬伝	9
古今和歌集	8
古事記	7
土佐日記	7
以下略	

今後読んでみたい本（明治以後）

タイトル	人数
千曲川のスケッチ	27
平凡	23
夜明け前	18
坊っちゃん	17
吾輩は猫である	16
漱石全集	13
子規全集	13
土	11
綴方教室	11
桜の実の熟する頃	11
以下略	

60 明治大学報国団政経学会『明治大学専門部学生生活調査報告』

読んでいる新聞

タイトル	1年	2年	3年	人数
東京朝日新聞	241	117	64	422
東京日日新聞	172	65	36	273
読売新聞	188	58	17	263
都新聞	15	9	7	31
報知新聞	8	2	1	11
帝大新聞	1	0	0	1
大阪毎日新聞	5	1	1	7
英文日日新聞	1	0	0	1
中外商業新報	8	1	0	9
国民新聞	2	0	0	2
不明	5	1	0	6
計	646	254	126	1,026

読んでいる雑誌

タイトル	人数	タイトル	人数
改造	156	野球界	7
中央公論	124	マガジン	7
キング	84	新青年	6
文芸春秋	83	科学雑誌	6
日本評論	45	現地報告	5
岩波文庫	24	新潮文庫	5
新若人	21	若草	5
エコノミスト	20	詩歌雑誌	5
週報	15	その他	363
国際知識	15		
雄弁	12		
時局情報	8		

61　労働科学研究所『青少年の勤労生活観』

毎月読む雑誌（回答1,228人、複数回答可）

タイトル	1年	3年	5年	合計
キング	76	110	30	216
青年	16	86	7	109
家の光	32	40	9	81
日の出	16	32	7	55
生産青年	42	3	4	49
少年倶楽部	41	4	0	45
週報	8	26	11	45
航空朝日	14	28	1	43
光友	0	33	1	34
講談倶楽部	2	20	8	30
学生の科学	7	16	1	24
愛の日本	1	8	10	19
講談雑誌	5	10	3	18
機械化	4	11	0	15
富士	1	11	2	14
躍進時代	0	13	0	13
礎	1	8	4	13
空	0	12	0	12
写真週報	0	9	3	12
オール読物	0	1	9	10
譚海	6	4	0	10
機械工の友	6	4	0	10
記載なし	353	169	46	568

その他32誌、107人

ためになった本（回答1,228人、複数回答可）

	1年	3年	5年	合計
伝記	117	116	33	266
科学	61	121	11	193
技術	31	101	11	143
小説文芸	63	116	18	196
その他	19	33	8	60
計	291	487	81	859
記載なし	348	260	62	670

62　坪井敏男「青少年の余暇生活」

読んでいる雑誌

男

タイトル	前期(人)	%	後期	%	計
キング	180	31.7	301	32.0	481
家の光	112	19.8	198	21.0	310
講談倶楽部	42	7.4	57	6.1	99
少年倶楽部	64	10.8	31	3.3	92
青年	10	1.8	78	8.3	88
講談雑誌	41	7.2	46	4.9	87
日の出	24	4.2	41	4.4	65
富士	11	1.9	35	3.7	46
愛士	8	1.4	34	3.6	42
譚海	16	2.8	8	0.8	24
機械化	9	1.6	9	1.0	18
週報	1	0.2	10	1.1	11
映画の友	8	1.4	2	0.2	10
現代	1	0.2	8	0.8	9
学生の科学	4	0.7	4	0.4	8
新青年	3	0.5	5	0.5	8
青年学技	3	0.5	4	0.4	7
子供の科学	4	0.7	3	0.3	7
その他41誌	29	4.2	68	7.2	97
計	567	100.0	942	100.0	1,509

女

タイトル	前期	%	後期	%	計
婦人倶楽部	117	23.4	93	30.2	210
主婦之友	106	21.0	60	19.5	166
家の光	68	13.5	38	12.4	106
少女倶楽部	91	18.0	13	4.2	104
キング	37	7.3	26	8.5	63
講談倶楽部	5	1.0	24	7.8	29
青年	12	2.4	16	5.2	28
新女苑	13	2.6	5	1.6	18
講談雑誌	12	2.4	3	1.0	15
少女の友	11	2.2	3	1.0	14
日の出	7	1.4	4	1.3	11
婦人公論	1	0.2	9	2.9	10
愛士	9	1.8	1	0.3	10
幼年倶楽部	5	1.0	0	0.0	5
少年倶楽部	4	0.8	0	0.0	4
令女界	2	0.4	2	0.7	4
実話雑誌	3	0.6	0	0.0	3
その他15誌	1	0.4	10	3.3	12
計	505	100.0	307	100.0	812

63　日本出版文化協会児童課「勤労青少年の読書状況」

最近一か月に読んだ本

タイトル	人数	タイトル	人数	タイトル	人数	タイトル	人数
漱石全集	29	蘆花全集	9	大地の朝	6	石川啄木全集	5
母と子(鶴見俊輔)	19	エヂソン伝	9	紅葉全集	6	樋口一葉全集	5
宮本武蔵	19	ヒットラー伝	8	西郷南洲伝	6	トルストイ全集	5
ノロ高地	18	日本二千六百年史	7	大地	6	伊藤公と山縣公	5
明治大正文学全集	13	父と子(池田宣政)	6	百万の数学	5		
我が闘争	12	ナポレオン(鶴見祐輔)	6	土地なき民	5		
太閤記	12			ムッソリーニ伝(深田謙)	5		
偉人野口英世	10	三国志	6				

64　教育研究同志会事務局『学童の生活調査』

調査対象者

都市					農村				
初等		高等			初等		高等		
男	女	男	女	計	男	女	男	女	計
220	248	183	184	835	417	449	610	515	1,991

雑誌をとっているか（％）

	都市				農村			
	初等		高等		初等		高等	
	男	女	男	女	男	女	男	女
毎月とっている	30.6	23.6	12.7	11.9	9.3	16.9	11.9	11.1
とっていない	68.4	75.6	86.9	86.4	90.5	81.8	87.1	88.9

とっている雑誌

タイトル	都市				農村				計
	初等		高等		初等		高等		
	男	女	男	女	男	女	男	女	
少女倶楽部	0	46	0	20	0	19	0	30	115
少年倶楽部	43	0	14	0	7	0	35	0	99
家の光	0	1	0	0	8	31	20	20	80
国民六年生	4	3	0	0	17	17	0	0	41
子供の科学	6	0	1	0	3	0	0	0	10
幼年倶楽部	1	2	0	0	1	2	0	1	7
キング	0	0	0	0	0	2	2	2	6
青年学校	0	0	4	0	0	0	0	0	4
少女の友	0	1	0	1	0	0	0	1	3
譚海	0	0	1	0	0	0	2	0	3
子供のラジオテキスト	2	0	0	0	0	0	0	0	2
講談倶楽部	0	0	1	1	0	0	0	0	2
海洋少年	0	0	1	0	0	0	1	0	2
少国民新聞	0	0	0	0	0	0	0	2	2
その他	1	0	0	0	1	0	4	0	6
不明	3	2	6	4	1	2	2	2	22

本は誰が選ぶか（%）

	都市				農村			
	初等		高等		初等		高等	
	男	女	男	女	男	女	男	女
自分	45.0	41.6	40.2	43.7	61.4	43.3	68.3	53.7
父	23.4	20.4	6.1	10.8	17.0	22.9	3.4	11.3
母	19.3	29.2	3.3	15.9	4.6	8.8	0.7	2.7
兄	6.7	6.0	4.4	8.1	5.3	9.2	4.6	7.2
姉	2.7	5.2	0.5	15.7	3.6	7.0	1.0	5.8
その他	0.9	1.6	0	0.5	0.5	0.4	0	1.0
買わない	0	0	16.5	3.8	5.8	5.1	0	0
記載なし（実数）	0	0	61	13	4	3	0	0

所蔵図書　農村

	初等				高等			
	男		女		男		女	
	人数	割合	人数	割合	人数	割合	人数	割合
なし	101	24.2	124	27.6	160	26.2	183	35.5
1〜5	176	42.2	197	43.9	300	49.2	230	44.7
6〜10	65	15.6	70	15.6	78	12.8	55	10.7
11〜15	29	7.0	22	4.9	33	5.4	18	3.5
16〜20	17	4.1	7	1.6	16	2.6	8	1.6
21〜25	13	3.1	7	1.6	7	1.1	5	1.0
26〜30	4	1.0	7	1.6	6	1.0	1	0.2
31〜35	2	0.5	2	0.4	4	0.7	2	0.4
36〜40	2	0.5	2	0.4	5	0.8	3	0.6
41〜45	3	0.7	1	0.2	0	0	2	0.4
46〜50	1	0.2	2	0.4	0	0	0	0
51〜	3	0.7	3	0.7	1	0.2	1	0.2
記載なし	1	0.2	5	1.1	0	0	7	1.4
計	417	100.0	449	100.0	610	100.0	515	100.0

65　日本出版文化協会児童課　「児童課が試みた予備調査」

印象に残った図書

タイトル	人数	タイトル	人数
野口英世	8	孝女白菊	3
トンネルを掘る話	6	三国志物語	3
二宮金次郎	5	新戦艦高千穂	3
室内の科学旅行	5	動物物語	3
偉人伝	4	童話集	3
エジソン伝	3	日東の冒険王	3
海洋冒険物語	3	ひらがな童話集	3
銀海の魚	3	みかへりの塔	3
講談社の絵本	3	無敵潜水艦	3

所蔵図書、雑誌（冊）

	青山				業平			
	初2女	初4男	高1男	高1女	初1男	初1女	初3女	初5男
調査人員	36	44	18	20	23	8	48	43
所有図書合計	1,136	4,118	809	237	50	39	276	244
所有図書平均	31.6	93.6	44.9	11.9	2.2	4.9	5.8	5.7
所有雑誌合計	1,081	3,408	728	335	300	15	518	559
所有雑誌平均	30.0	77.5	40.4	16.8	13.0	1.9	10.8	13.0

図書の選択

選択者	青山 人数	割合	業平 人数	割合
母	68	46.6	42	34.7
本人	42	28.8	53	43.8
父	22	15.1	9	7.4
兄姉	9	6.2	12	9.9
知人	2	1.4	3	2.5
祖父母	1	0.7	1	0.8
叔父母	1	0.7	0	0.0
計	146	100.0	121	100.0

図書、雑誌の入手経路（％）

母が購入	29.8
友人から借りる	22.0
父が購入	13.9
自分で購入	12.1
その他	22.2
計	100.0

66　海後宗臣・吉田昇『学生生活調査』

読んでいる雑誌（%）

分類	高等学校	専門学校	師範学校	青年学校
学術	4.65	4.08	1.15	0
綜合	55.81	42.86	29.89	8.45
修養	6.98	11.56	16.09	32.75
娯楽	32.56	38.09	37.93	57.75
その他	0	3.41	14.94	1.05
計	100.00	100.00	100.00	100.00

単行本

	高等学校	専門学校	師範学校	青年学校	女子専門学校	女子青年学校
学術	17.36	11.20	8.20	0	5.61	0
綜合	35.23	32.18	38.52	8.53	22.43	0
修養	8.81	13.44	19.26	20.93	9.35	6.25
娯楽	38.34	38.09	32.38	64.34	58.87	87.50
その他	0.26	5.09	1.64	6.20	3.74	6.25
計	100.00	100.00	100.00	100.00	100.00	100.00

67　日本出版文化協会児童課「勤労青年は何を読むか」

好きな作家　東京（人）

	男	女
吉川英治	19	3
菊池寛	38	4
山中峯太郎	20	0
江戸川乱歩	17	0
火野葦平	15	0
吉屋信子	13	12
大佛次郎	11	0
川口松太郎	10	7
サトウハチロー	9	0
夏目漱石	9	0

支持された図書　大阪（人）

男		女	
タイトル	人数	タイトル	人数
宣戦の大詔謹釈	16 (7)	隻手に生きる	5 (4)
ヒットラー伝	9 (2)	徒然草	4
太閤記	8 (3)	無憂華	2 (2)
臣民の道	6 (2)	我愛の記	4 (3)
野口英世	6 (2)	臣民の道	4 (3)
西洋二千年史	6 (1)	宣戦の大詔謹釈	3 (2)
西郷南洲伝	5 (1)		

（ ）内は「為になつた」とする人数

愛読する雑誌

男

タイトル	東京	大阪
キング	71	69
青年	17	21
航空朝日	15	16
講談倶楽部	15	4
日の出	13	14
週報	12	35
科学朝日	10	16
週刊朝日	6	6
写真週報	5	6
少年倶楽部	5	9
新青年	5	0
野球界	5	2
新天地	1	45
新若人	0	20
機械化	4	6
学生の科学	3	7

女

タイトル	東京	大阪
主婦之友	6	15
婦人倶楽部	5	26
講談倶楽部	5	0
少女倶楽部	5	16
キング	3	7
新女苑	2	5
新天地	0	10
婦人公論	1	6
令女界	0	7

読書費（1ヶ月、円）

	男子		女子	
	東京	大阪	東京	大阪
16歳	1.80	1.32	0.70	1.28
17歳から18歳	1.87	1.81	1.50	1.67
19歳から20歳	1.72	1.80	1.00	1.76
21歳から22歳	1.85	2.36	1.00	1.90
23歳以上	1.91	1.76	1.66	1.76
平均	1.83	1.81	1.16	1.67

68　東京府内政部社会教育課『少国民生活調査報告』

読物種類（休日）

	山の手		下町		農村	
	人数(人)	割合(％)	人数	割合	人数	割合
新聞	64	22.22	37	12.33	75	46.01
雑誌	56	19.44	63	21.00	45	27.61
童話	29	10.07	37	12.33	9	5.52
漫画	35	12.15	52	17.33	27	16.56
絵本	12	4.17	15	5.00	4	2.45
小説	58	20.14	73	24.33	0	0.00
伝記	2	0.69	2	0.67	2	1.23
歴史	0	0.00	3	1.00	0	0.00
科学	20	6.94	7	2.33	0	0.00
その他	12	4.17	11	3.67	1	0.61
計	288	100.00	300	100.00	163	100.00

読物種類（週日）

	山の手		下町		農村	
	人数	割合	人数	割合	人数	割合
新聞	104	24.88	78	20.80	67	23.34
雑誌	83	19.86	93	24.80	76	26.48
童話	52	12.44	34	9.07	45	15.68
漫画	36	8.61	50	13.33	45	15.68
絵本	16	3.83	6	1.60	10	3.48
小説	71	16.99	61	16.27	37	12.89
伝記	16	3.83	6	1.60	3	1.05
歴史	8	1.91	3	0.80	0	0.00
科学	16	3.83	8	2.13	0	0.00
その他	16	3.83	36	9.60	4	1.39
計	418	100.00	375	100.00	287	100.00

69　川越淳二『早稲田大学読書傾向調査報告書』

感銘を受けた図書

タイトル	人数
善の研究	32
愛と認識との出発	26
罪と罰	18
我が闘争	17
出家とその弟子	16
生活の探求	15
宮本武蔵	14
哲学以前	12
ジャンクリストフ	11
ファウスト	11
カラマーゾフの兄弟	11
日本二千六百年史	11

以下略、901人中、無記入361

座右の愛読書

タイトル	人数
聖書	20
我が闘争	18
三太郎の日記	18
ファウスト	18
万葉集	16
善の研究	13
論語	11
学生と生活	8
草枕	8
吉田松陰（徳富）	7
人生読本（トルストイ）	6
哲学以前	6

以下略、901人中、無記入415

70　都市学会「東京密集地区の読書調査」

読んでいる雑誌

タイトル	人数
キング	128
婦人倶楽部	88
主婦之友	83
講談倶楽部	63
講談本	33
少年倶楽部	29
少女倶楽部	23
日の出	19
小学館雑誌	12
婦人公論	10
サンデー毎日	10
その他	148
計	646

新聞

タイトル	人数
読売新聞	411
東京日日新聞	178
東京朝日新聞	140
報知新聞	89
国民新聞	83
都新聞	48
中外商業新報	48
東京毎夕新聞	15
東京夕刊	1
計	1,013

71　一校自治寮「愛読書調査」

愛読書（1935年12月）

タイトル	数
倫理学の根本問題	17
罪と罰	17
若きヴェルテルの悩み	15
復活	15
草枕	14
聖書	14
哲学以前	13
学生生活	13
万葉集	13
善の研究	11
こころ	11
三太郎の日記	10
愛と認識との出発	10
ジャンクリストフ	10
平家物語	9
論語	9
科学の価値	9
クロイツェル・ソナタ	8
ヴィルヘルム・マイスター	8
ファウスト	8

愛読書（1943年2月）

タイトル	文	理	計
愛と認識との出発	47	71	118
倫理学の根本問題	50	39	89
出家とその弟子	33	46	79
善の研究	43	35	78
哲学以前	35	38	73
三太郎の日記	30	38	68
罪と罰	25	38	63
狭き門	25	32	57
こころ	20	30	50
ファウスト	17	30	47
竹沢先生といふ人	18	19	37
ジャンクリストフ	11	23	34
復活	8	25	33
カラマーゾフの兄弟	14	15	29
ツァラトゥストラ	17	11	28
偶像再興	13	11	24
若きヴェルテルの悩み	7	17	24
ヴィルヘルム・マイスター	7	15	22
近世に於ける「我」の自覚史	12	9	21
幸福論	13	6	19

72　第五高等学校報国団「生徒生活調査報告」

購読者の多い雑誌（1943年）

タイトル	人数
中央公論	54
文芸春秋	28
改造	24
新若人	22
航空朝日	22
科学朝日	19
カレント・オブ・ザ・ワールド	17

最近感銘を受けた図書（1943年）

タイトル	文科	理科	計
若き哲学徒の手記	9	8	17
愛と認識との出発	10	4	14
狭き門	9	3	12
出家とその弟子	5	7	12
次郎物語	3	7	10
郷愁記	6	2	8
罪と罰	2	5	7
復活	7	0	7
こころ	3	2	5
竹沢先生といふ人	2	3	5
文化類型学	3	1	16
歴史的現実	4	0	4
巷塵抄	3	1	4
三太郎の日記	2	2	4

最近感銘を受けた図書（1944年）

タイトル	人数
こころ	22
罪と罰	17
大義	13
出家とその弟子	12
愛と認識との出発	10
次郎物語	10
狭き門	9
学生に与ふ	9
若き哲学徒の手記	8
復活	8
三太郎の日記	7
郷愁記	7
ファウスト	6

・読書傾向調査掲載文献一覧

　　東京高等師範学校附属小学校「児童状況取調統計表」(『教育研究』4号、1904年7月)［1904年調］
　　東京高等師範学校附属小学校「第三部児童状況取調統計表」(『教育研究』6号、1904年9月)［1904年調］
　　東京高等師範学校附属中学校「生徒の読物に関する調査報告」(『中等教育』1号、1908年11月)［1908年調］
　　中村秋人『児童教育　涙と鞭』(実業之日本社、1910年1月)［1910年調］
　　松崎天民『社会観察万年筆』(磯部甲陽堂、1914年7月)［1914年調］
　　岡山県師範学校附属小学校「児童読物調査」(『児童研究』19巻9号、1916年4月)［1916年調］
　　奥野庄太郎『お噺の新研究』(大日本文華出版部南北社、1920年9月)［1919年調］
　　森文三郎「本校生徒調査ニ就テ（上）」(『研究館月報』4号、1920年9月)［1920年調］
　　森文三郎「本校生徒調査ニ就テ（下）」(『研究館月報』5号、1920年10月)［1920年調］
　　警視庁工場課「硝子工場職工事情」(『社会政策時報』4号、1920年12月)［1919年調］
　　警視庁工場課「製糸工場に於ける女工事情」(『社会政策時報』5号、1921年1月)［1919年調］
　　警視庁工場課「製綿職工事情」(『社会政策時報』6号、1921年2月)［1919年調］
　　警視庁工場課「化粧品製造女工事情」(『社会政策時報』7号、1921年3月)［1919年調］
　　警視庁工場課「染色整理其他の加工業女工事情」(『社会政策時報』8号、1921年4月)［1919年調］
　　警視庁工場課「印刷製本事業女工事情調査」(『社会政策時報』9号、1921年5月)［1919年調］
　　森文三郎「第二回本校生徒調査」(『研究館月報』2巻8号、1921年9月)［1921年調］
　　森文三郎「本校生徒調査（下）」(『研究館月報』2巻9号、1921年10月)［1921年調］
　　内務省衛生局『東京市京橋区月島に於ける実地調査報告　第一輯』(内務省衛生局、1921年12月)［1919年調］
　　森文三郎「本校生徒調査」(『商業と経済　研究館年報』第2冊、1922年3月)［1921年調］
　　遠藤早泉『現今少年読物の研究と批判』(開発社、1922年5月)［1921年調］
　　日本青年館調査部「市町村青年団基本調査表に現はれた石川県青年団の状況」(『青年』8巻2号、1923年2月)［1922年調］
　　茸合教育会児童愛護会『児童読物之研究』(茸合教育会児童愛護会、1923年3月)［1922年調］
　　日本青年館調査部「市町村青年団基本調査表に現はれた福井県青年団の状況」(『青年』8巻3号、1923年3月)［1922年調］
　　日本青年館調査課「市町村青年団基本調査表に現はれた埼玉県青年団の状況」(『青年』8巻5号、1923年5月)［1922年調］
　　日本青年館調査課「市町村青年団基本調査表に現はれた宮崎県青年団の状況」(『青年』8巻6号、1923年6月)［1922年調］
　　日本青年館調査課「市町村青年団基本調査表に現はれた高知県青年団の状況」(『青年』

8巻7号、1923年7月）［1922年調］
日本青年館調査課「市町村青年団基本調査表に現はれた青森県青年団の状況」（『青年』8巻8号、1923年8月）［1922年調］
日本青年館調査課「市町村青年団基本調査表に現はれた滋賀県青年団の状況」（『青年』8巻9号、1923年9月）［1922年調］
社会局第二部『細民生計状態調査』（社会局第二部、1923年3月）［1921年調］
東京市社会局『職業婦人に関する調査』（東京市社会局、1924年12月）［1922年調］
浜野重郎「新一年の読書範囲の調査」（『教育問題研究』60号、1925年3月）［1924年調］
不詳「須坂町の読書傾向」（『須坂町報』1925年6月25日、上高井誌編纂会編『長野県上高井誌　社会編』上高井教育会、1960年7月）［1925年調］
京都市役所社会課『常傭労働者生活調査』（京都市役所社会課、1925年11月）［1925年調］
日本青年館調査課『市町村青年団基本調査報告』（日本青年館、1926年7月）［1926年調］
東京市社会局庶務課『小学児童思想及読書傾向調査』（東京市社会局庶務課、1926年2月）［1925年調］
広島市社会課『夜間通学青少年労務者生活状態』（広島市社会課、1926年7月）［1926年調］
東京帝国大学学友会共済部常務委員編『東京帝国大学学生生計調査』（東京帝国大学学友会共済部常務委員、1926年10月）［1925年調］
愛知県社会課『陶磁器製造従業者の勞働と生活』（愛知県社会課、1926年11月）［1926年調］
本紙調査部「愛読書調査報告　一　学術的雑誌之部」（『一橋新聞』1926年12月1日）［1926年調］
本紙調査部「愛読書調査報告　二　趣味的雑誌及新聞之部」（『一橋新聞』1926年12月15日）［1926年調］
太田敏兒『農民組合による小作農家の現状調査　大原社会問題研究所アルヒーフ』（2、同人社書店、1926年12月）［1924年調］
広島市社会課『職業婦人生活状態』（広島市社会課、1927年4月）［1927年調］
京都市社会課『商工徒弟に関する調査1』（京都市社会課、1927年5月）［1927年調］
京都市小学校教員会研究部『児童読物の研究』（大島伝次郎、1927年5月）［1926年調］
T. K.「青年の読物を調査して」（『青年』12巻7号、1927年7月）［1927年調］
宇野利右衛門『汗愛の霊火に輝く模範工場東洋紡績姫路工場』（工業教育出版部、1927年9月）［1927年調］
熊谷辰治郎「地方青年の読書傾向」（『帝国教育』544号、1927年12月）［1927年調］
森文三郎「本校生徒調査」（『研究資料彙報』2巻4号、1927年9月）［1927年調］
多田野一「工場労働者の読書傾向」（『プロレタリア芸術教程』第2輯、世界社、1929年11月）［1928年調］
熊谷辰治郎「地方青年の読物調査」（『青年読物に関する調査』第1輯、大日本連合青年団、1928年6月）［1927年調］
総同盟本部婦人部「どんな本が姉妹に読まれてゐるでせうか」（『労働婦人』第10冊、1928年9月）［1928年調］
東京帝国大学駒場農業調査会『農村社会経済調査報告　山梨県東八代郡境川村石橋部

落』（東京帝国大学駒場農業調査会、1928 年 1 月）［1928 年調］
中央職業紹介事務局「紡績労働婦人調査」（『紡績労働婦人調査　職業別労働事情五』中央職業紹介事務局、1929 年 2 月）［1927 年調］
熊谷辰治郎「青年団員が如何なる書籍を読むか」（大日本連合青年団調査課編『青年読物に関する調査』第 2 輯、1929 年 3 月）［1926 年調］
社会局監督課「職工の希望等の調査（宮崎県）」（『産業福利』4 巻 6 号、1929 年 6 月）［1928 年調］
矢島三郎「上級児童の雑誌閲覧傾向　東京市本所高等小学校での調査」（『図書館雑誌』24 巻 1 号、1930 年 1 月）［1930 年調］
東京帝国大学学生課『東京帝国大学学生生計調査報告』（東京帝国大学学生課、1930 年 3 月）［1929 年調］
長崎高等商業学校研究館「生徒生計調査報告」（『長崎高商研究館彙報』16 巻 1 号、1930 年 7 月）［1929 年調］
中田邦造「農村民教養の現状と読書指導（一）　石川郡米丸村民読物調査の結果に鑑みて」（『石川県立図書館月報』76 号、1930 年 7 月）［1930 年調］
神戸市社会課『マッチ工業従事女工ノ生活状態調査』（神戸市社会課、1930 年 10 月）［1928 年調］
中村星湖「農村教育と都会文芸」（農村社会研究会『農村社会研究　農村教育編　2』春秋社、1931 年 9 月）［1931 年調］
農村社会研究調査部「農村に於ける教育方面の調査」（農村社会研究会『農村社会研究　農村教育編　2』春秋社、1931 年 9 月）［1931 年調］
東京府学務部社会課「求職婦人の環境調査」（『社会調査資料』第 15 輯、1931 年 12 月）［1931 年調］
姫路高等学校校友会「第一回生計報告」（『校友会雑誌』2 号、1931 年、『資料集成　旧制高等学校全書』第 7 巻、旧制高等学校資料保存会、1984 年 6 月）［1931 年調］
東京府立第五高等女学校「女学生の読物調べ」（『東京朝日新聞』1932 年 1 月 8 日）［1931 年調］
大林宗嗣『女給生活の新研究』（巌松堂書店、1932 年 1 月）［1932 年調］
東京府立第三高等女学校「女学生の読む雑誌」（図書研究会編『綜合出版年鑑』大阪屋号書店、1932 年 2 月）［1931 年調］
全国高等諸学校図書館協議会「学生生徒ノ思想傾向調査ニ関スル報告書」（『全国高等諸学校図書館協議会会報』8 号、1932 年 3 月）［1931 年調］
川富次郎「児童の読書生活と読方科の成績」（『教育問題研究』75 号、1932 年 9 月）
基督教女子青年会日本同盟労働調査部「女工に関する調査」（『産業福利』7 巻 12 号、1932 年 12 月）［1932 年調］
山口高等商業学校調査課「生徒生計調査書」（『山口高商調査課時報』4 巻 5 号、1932 年 12 月）［1932 年調］
京都帝国大学学生課『京都帝国大学学生生計調査報告』（京都帝国大学学生課、1933 年 4 月）［1932 年調］
協調会農村課編『実地調査の結果から見た農村生活』（協調会、1933 年 12 月）［1933 年調］

山口高等商業学校東亜経済研究所「生徒生計調査書」（『山口高商調査時報』5巻5号、1933年12月）［1933年調］

日本図書館協会『図書館における読書傾向調査』（日本図書館協会、1934年3月）［1934年調］

大日本連合青年団調査部編『全国青年団基本調査　昭和五年度』（日本青年館、1934年3月）［1930年調］

大阪府学務部社会課『在阪朝鮮人の生活状態』（大阪府学務部社会課、1934年6月）［1932年調］

山口高等商業学校東亜経済研究所「生徒生計調査書」（『山口高商調査時報』6巻4号、1934年10月）［1934年調］

東京商科大学予科学生主事室『学生生活調査』（東京商科大学予科学生主事室、1934年12月）［1934年調］

八島炳三「児童読物の系統的考察」（千葉春雄編『国語教育中心　児童読物の系統的研究』厚生閣、1934年12月）［1934年調］

木下龍二「農村児童への読物考」（同書）［1934年調］

小椿誠一「児童読物の系統的研究」（同書）［1934年調］

長崎高等商業学校『生徒生計調査報告　（第二回）』（長崎高等商業学校研究館、1935年3月）［1934年調］

日本図書館協会調査部『職業婦人読書傾向調査』（日本図書館協会、1935年3月）［1934年調］

盛岡友の会編『田山村の生活』（盛岡友の会、1935年5月）［1934年調］

森文三郎「昭和十年本校生徒調査」（『研究資料彙報』10巻2号、1935年5月）［1935年調］

京都帝国大学農学部農林経済研究室『農村調査報告書滋賀県東浅井郡小谷村　特に農村社会経済の構造と機能に就て』（京都帝国大学農学部農林経済研究室、1935年6月）［1935年調］

東京帝国大学学生課『東京帝国大学学生生活調査報告』（東京帝国大学学生課、1935年7月）［1934年調］

奥井復太郎・藤林敬三「学生生活の思想的方面の一調査」（『三田学会雑誌』29巻10号、1935年10月）［1935年調］

新潟県立図書館児童室調査「新潟市内上級児童読書状況調査　第一回（昭和十年春）」（『図書館研究』11巻3号、1935年10月）［1935年調］

盛岡友の会『田山村の生活』（盛岡友の会、1935年5月）［1935年調］

山口高等商業学校東亜経済研究所『生徒生計調査書　昭和十年度』（山口高等商業学校東亜経済研究所、1935年）［1935年調］

大阪府学務部社会課『実地調査の結果から見た農村の生活』（大阪府学務部社会課、1936年3月）［1934年調］

日本図書館協会『労務者読書傾向調査』（日本図書館協会、1936年3月）［1935年調］

松本金寿・安積すみ江「女学校生徒に於ける課外読物の一調査」（『教育』4巻4号、1936年4月）［1935年調］

東北帝国大学学生課『東北帝国大学学生生活調査報告　昭和十年十一月現在』（東北帝国大学学生課、1936年6月）［1935年調］

北海道帝国大学『学生生徒生活調査報告　昭和十年十一月現在』（北海道帝国大学、1936年6月）［1936年調］

森文三郎「昭和十一年本校生徒調査」（『研究資料彙報』11巻4号、1936年10月）［1936年調］

京都府立医科大学『第二回学生生徒生活調査報告　昭和11年10月』（京都府立医科大学、1936年10月）［1936年調］

松本金寿、安積すみ江「小学校児童に於ける課外読物の一調査」（『教育』4巻11号、1936年11月）［1936年調］

松本金寿「小学校児童に於ける課外読物の一調査」（『応用心理研究』4巻2号、1936年）［1936年調］

山口高等商業学校東亜経済研究所『生徒生計調査書』（山口高等商業学校東亜経済研究所、1936年）［1936年調］

尾崎喜美子・塩田小枝子・山内志保子・松本金寿「読物の選択に現はれた女学校生徒の興味」（『教育心理研究』12巻2号、1937年2月）［1936年調］

「異色ある読書層を往く　工場では何が読まれる？」（『日本読書新聞』1937年4月21日）［1936年調］

東京帝国大学文学部新聞研究室編『新聞研究室第三回研究報告』（東亜謄写院、1937年5月）［1932年調］

「愛すべき読書層　こどもはマンガを読む」（『日本読書新聞』1937年6月11日）［1937年調］

東京市日本橋区第三青年学校『本校生徒の生活並心理に関する調査研究』（島崎晴吉、1937年6月）［1936年調］

東二番丁尋常小学校「児童課外読物調査」（『宮城教育』1937年9月）［1937年調］

長崎高等商業学校『生徒生計調査報告　第3回』（長崎高等商業学校研究館、1937年5月）［1936年調］

同志社大学学友会共済部『同志社大学学生生計調査報告』（同志社大学々友会共済部、1937年12月）［1937年調］

農林省経済更生部『農村部落生活調査　実態編』（農林省経済更生部、1938年2月）［1935年調］

大日本連合青年団「青年団報に現れた諸調査（完）」（『青年教育時報』13号、1938年2月）［1937年調］

森文三郎「昭和十二年本校生徒調査」（『研究資料彙報』13巻1号、1938年2月）［1937年調］

文部省社会教育局「児童読物調査」（『児童読物調査』第一輯、文部省社会教育局、1938年3月）［1935年調］

大森清彦編『生徒生計調査報告　第5回（昭和十三年六月現在)』（浪速高等学校共済会、1938年10月）［1938年調］

「中学生の読書調査　金沢市の某中学校に於ける」（『日本読書新聞』1938年11月15日）［1938年調］

山浦国久『更生村浦里を語る』（信濃毎日新聞社出版部、1938 年 11 月）［1935 年調］
教学局『学生生徒生活調査』（上、下、教学局、1938 年 11 月）［1938 年調］
台北帝国大学「学生生徒生活調査」（阿部洋編『日本植民地教育政策史料集成（台湾編）第 77 巻』龍渓書舎、2013 年 12 月）［1938 年調］
九州帝国大学学生課『九州帝国大学学生生活調査報告　昭和十三年十一月現在』（九州帝国大学学生課、1938 年 11 月）［1938 年調］
京城帝国大学学生課編『京城帝国大学　学生生活調査報告　昭和十三年十一月』（京城帝国大学学生課、1938 年 11 月）［1938 年調］
成城高等学校「読書傾向調査」（河合栄治郎編『学生と読書』日本評論社、1938 年 12 月）［1938 年調］
大倉高等商業学校『昭和十三年度　生徒現況調査書（第一回）』（大倉高等商業学校報国団、1938 年）［1938 年調］
「女学生の読書調査」（『日本読書新聞』1939 年 1 月 25 日）［1938 年調］
森文三郎「昭和十三年本校生徒調査」（『研究資料彙報』14 巻 1 号、1939 年 2 月）［1938 年調］
伊藤達郎「子供の雑誌を通じて見たる読物の興味及び欲求」（『教育心理研究』14 巻 3 号、1939 年 3 月）［1939 年調］
横浜高商図書課「読物調査」（『全国高等諸学校図書館協議会会報』14 号、1939 年 3 月）［1938 年調］
立教大学学生課編『立教大学学生生活調査報告』（立教大学学生課、1939 年 3 月）［1938 年調］
大阪帝国大学学生課『大阪帝国大学学生生活調査報告　昭和十三年十一月現在』（大阪帝国大学学生課、1939 年 6 月）［1938 年調］
岡田敏夫「名古屋に於ける児童読物調査」（『心理学研究』14 巻特集、1939 年 8 月）［1935 年調］
桐原葆見「青年の読書に関する調査」（『労働科学研究』16 巻 9 号、1939 年 9 月）［1939 年調］
「学生の読書調査」（『日本読書新聞』1939 年 10 月 5 日）［1939 年調］
山梨県教育会社会教育調査部「社会教育に於ける読書教育普及充実に関する調査」（『山梨教育』1939 年 12 月）［1937 年調］
江尻総四郎「学童の読物調査　秋田市児童の読書傾向の概観と指導態度」（『教育』8 巻 2 号、1940 年 2 月）［1939 年調］
東京慈恵会医科大学予科総務部『東京慈恵会医科大学予科学生生活調査報告』（東京慈恵会医科大学予科総務部、1940 年 2 月）［1939 年調］
「乙女心を打つ本　女学校の読書調査」（『日本読書新聞』1940 年 3 月 15 日）［1940 年調］
岡田敏夫「児童と新聞　児童読物調査第二報告」（『教育心理研究』15 巻 3 号、1940 年 3 月）［1935 年調］
服部智「児童文化環境の調査と読物指導」（『教育科学研究』2 巻 4 号、1940 年 4 月）［1940 年調］
「中・女学生は何を読む　東京府中等学校補導協会の調査」（『日本読書新聞』1940 年 5

月 5 日）［1939 年調］

鈴木清「女学生の読書について　第一報告」（『教育心理研究』15 巻 9 号、1940 年 9 月）［1940 年調］

宮田斉「最近の女学生の読物」（『少年保護』5 巻 10 号、1940 年 10 月）［1939 年調］

「興味ある児童の読書状況」（『日本読書新聞』1940 年 11 月 25 日）［1940 年調］

奈良県師範学校「生徒思想ニ関スル調査」（『奈良県師範学校五十年史』奈良県師範学校、1940 年 11 月）［1925 年調］

小林さえ「女子青年の読物調査」（『教育』6 巻 11 号、1940 年 11 月）［1938 年調］

平澤薫「児童読物調査について　中間報告」（『新児童文化』1 巻、1940 年 12 月）［1940 年調］

都留長彦「女学校一年生の読物について」（『台湾教育』458 号、1940 年 9 月）［1940 年調］

平澤薫「文部省推薦児童図書の読書状況調査について」（『図書館雑誌』38 巻 1 号、1941 年 1 月）［1940 年調］

神崎清「女学生は何を読んでゐるか」（『婦人朝日』1941 年 2 月）［1940 年調］

毛利久夫「傾向調査　青年団の話のうち」（『農村青年報告』第 2 集、1941 年 3 月）［1941 年調］

「婦人読書の生態調査」（『日本読書新聞』1941 年 6 月 5 日）［1938 年調］

飯島篤信「勤労青年の読書傾向」（『青少年指導』7 巻 5 号、1941 年 8 月）［1939 年調］

「青年の生活力検討　海後教授多年の集計」（『日本読書新聞』1941 年 10 月 13 日）［1941 年調］

明治大学報国団政経学会『明治大学専門部学生生活調査報告』（明治大学報国団政経学会、1941 年 10 月）［1941 年調］

大倉高等商業学校報国団『生徒現況調査書（第三回）』（大倉高等商業学校報国団、1941 年）［1941 年調］

水戸高等学校「生活調査」（『報徳団誌』創刊号、1941 年、『資料集成　旧制高等学校全書』第 7 巻、旧制高等学校資料保存会刊行部、1984 年 6 月）［1941 年調］

「東京密集地区の読書調査」（『日本読書新聞』1942 年 2 月 23 日）［1942 年調］

「働く女性の読書傾向」（『日本読書新聞』1942 年 3 月 2 日）［1942 年調］

「東京高師の読書調査」（『日本読書新聞』1942 年 3 月 9 日）［1942 年調］

伊藤博、村中兼松『労務輔導　労務管理全書五』（東洋書館、1942 年 3 月）［1942 年調］

「勤労青少年の読書状況（承前）」（『日本読書新聞』1942 年 4 月 6 日）［1941 年調］

高橋慎一「工場に於ける読書指導　山口文庫を中心として」（『図書館雑誌』36 巻 4 号、1942 年 4 月）［1942 年調］

東京帝国大学文学部新聞研究室編『新聞研究室第五回研究報告』（東京帝国大学文学部新聞研究室、1942 年 8 月）［1941 年調］

「国民学校を中心に文協児童課が試みた予備調査」（『日本読書新聞』1942 年 7 月 20 日）［1942 年調］

波多野完治「地方少国民の読書生活」（『少国民文化』1 巻 3 号、1942 年 8 月）［1942 年調］

滑川道夫『少国民文学試論』（帝国教育会出版部、1942 年 9 月）［1940 年調］

坪井敏男「青少年の余暇生活」（『青少年社会生活の研究』朝倉書店、1942 年 9 月）

［1941年調］
東京帝国大学文学部新聞研究室編『新聞研究室第六回研究報告』（東亜謄写院、1942年10月）［1933年調］
静岡県立高等女学校「生徒の生活・読物・時局認識思想傾向調査」（『図書館論叢』2号、1942年10月）［1941年調］
「勤労青年は何を読むか　東京大阪の二大都市では　文協児童課の調査報告」（『日本読書新聞』1942年11月23日）［1942年調］
鰕目澄子他5名「若き女性の読書傾向」（『青年』女子版、27巻11号、1942年11月）［1942年調］
宮原誠一編『学童の生活調査』（教育研究同志会、1942年9月）［1941年調］
文部省社会教育局「本省推薦児童図書読書状況調査」（『図書時報』4号、1942年12月）［1940年調］
栃折好一「農村に於ける読書指導　農村読書指導状況調査を中心に」（『産業組合』448号、1943年2月）［1942年調］
海後宗臣、吉田昇『学生生活調査』（日本評論社、1943年3月）［1942年調］
大沢益次郎「青年学校生徒の読書傾向に就て」（『教育』11巻3号、1943年3月）［1942年調］
東京府内政部社会教育課『少国民生活調査報告』（復刻、上笙一郎編、久山社、1997年9月）［1942年調］
石川春江「勤労青少年の図書群について（乾）」（『図書館雑誌』37巻4号、1943年4月）［1943年調］
鶴橋正雄、中山茂「本校生徒読書状況調」（『研究資料彙報』18巻1号、1943年6月）［1943年調］
川越淳二『戦時期早稲田大学学生読書調査報告書』（川越淳二、1943年6月、不二出版復刻、2021年12月）［1942年調］
第五高等学校報国団「第三回　生徒生活調査報告」（『龍南』第253号、1943年7月20日）［1943年調］
暉峻義等編『青少年の勤労生活観』（大阪屋号書店、1943年7月）［1941年調］
梅山一郎「農村の子供の読物」（『少国民文化』3巻5号、1944年6月）［1944年調］
第五高等学校報国団「第四回生徒生活調査」（第五高等学校報国団『龍南』第254号、1944年6月15日）［1944年調］
長野尋常高等小学校「児童購読雑誌調査報告」（長野県教育史刊行会編『長野県教育史』14巻、長野県教育史刊行会、1979年3月）［1922年調］
長野県師範学校長「生徒購読雑誌調査回答」（同書）［1922年調］
長野県師範学校長「生徒思想調査」（同書）［1925年調］
一校自治寮百年委員会編『第一高等学校自治寮六十年史』（一高同窓会、1994年4月）［1943年調］
羽田町役場「新聞雑誌購読状況調査」（飯干陽『日本の子どもの読書文化史』あずさ書房、1996年1月）［1932年調］

あとがき

　本書でまとめた戦前、戦中の読書傾向調査は、部分的には多様な領域でなされ、またその後、引用、言及されてきたものだが、これらをまとめた資料集がなかった。読書への関心は社会学や教育学、文学はもとより心理学、図書館情報学や歴史学など、多様な領域に及ぶが、そうした多様な領域や方法の入会地のような場ゆえにこうした資料がとりまとめづらかったということもあろうし、また、本書で述べたようになされた調査自体に問題があったり、それらが多様な方法や形をもっていたということも大きな理由となろう。

　とはいえ、それにもかかわらずこうした読書傾向調査は実際に上記の研究領域でこれまでにも引用、利用されてきたのも確かである。だからこそそうした基礎となる資料の意味や役割に目を向けておく必要があるし、そのためにはまずはそれらを集成して、いろいろな領域、視点から検討できるようにしておく必要がある。本書がこれら資料に十分な目配りができているとは言い難かろうし、資料のとりまとめに至らない点も多くあろうかと思う。ただ、それでもまずはこれからの研究の土台作りをしたいと思い、本書を作ることとなった。また、そのための助成、支援も得られた（科学研究費助成基盤研究C「戦前・戦中における読書傾向調査の基礎研究」、及び早稲田大学特定課題研究同課題）。

　もともと近代の読書や出版、流通に関心をもって研究をしてきたので、読書調査については以前から関心をもってはいた。それが、『戦時期早稲田大学学生読書調査報告書』の資料復刻（不二出版、2021年）や、戦時期の読書傾向調査の役割を論じた拙著『「大東亜」の読書編成』（ひつじ書房、2022年）をまとめたことがきっかけとなって、読書傾向調査の収集と整理に注力するようになっていった。それらをもとに昨年の春から夏にかけ、著書として原稿をまとめる仕事を進めていた。その原稿を終えて刊行の準備を進めていく一方で、その折に収集し、整理した戦前、戦中の180件余りの読書傾向調査を俯瞰、一覧できるような資料集があればという思いも強くなっていった。ただ、高価な研究書ではなく、学生から研究者、実務にたずさわる人々を含め、安価で参照、活用しやすいデータ集にしたいという思いも強かった。

　以前、図書館学のテキストの企画でお声がけいただいていた樹村房の大塚栄一氏に、この企画の相談にのっていただいた。高価な研究書ではなく、広く使

える資料集を、辛抱強く刊行し続けてゆける出版社が必要だったからだ。こちらの意を汲んで、こうあってほしいという形にしていただいた樹村房には心から感謝したい。また校正にあたっては小関有希氏に協力をいただいた。

　読書の理論や歴史の研究をはじめて、もう30年以上になる。その間の自身の研究が、どれだけ研究に貢献したのかは心もとない限りだが、それでも心強いのは、読書の歴史に取り組む、若い世代の研究者と、そのすぐれた成果が着実に増えてきたことだ。そしてまた読書に関わりをもつ研究分野、領域も多様な形で広がりつつある。そうしたこれからの研究者はもちろん、読書に関心を抱く多くの人たちに、本書が少しでも役立っていけばと思う。

　　2025年3月

　　　　　　　　　　　　　　　　　　　　　　　　　　　　　和田　敦彦

［著者紹介］
和田　敦彦（わだ・あつひこ）

早稲田大学教育・総合科学学術院教授。専門は日本近代文学研究、及び出版・読書史研究。著書に『読むということ』（ひつじ書房、1997）、『メディアの中の読者』（同、2002）、『書物の日米関係』（新曜社、2007）、『越境する書物』（同、2011）、『読書の歴史を問う』（改訂増補、文学通信、2020）、『「大東亜」の読書編成』（ひつじ書房、2022）等がある。

読書調査の歴史と資料
—— 戦前・戦中

2025年5月2日　初版第1刷発行

著　者　和　田　敦　彦
発行者　大　塚　栄　一

発行所　株式会社　樹村房

〒112-0002
東京都文京区小石川5丁目11-7
電話　03-3868-7321
FAX　03-6801-5202
振替　00190-3-93169
https://www.jusonbo.co.jp/

組版・印刷／亜細亜印刷株式会社
製本／有限会社愛千製本所

©Atsuhiko Wada 2025　Printed in Japan
ISBN978-4-88367-408-4　乱丁・落丁本は小社にてお取り替えいたします。